실행하기 쉬운
6시그마 과제 추진

실행하기 쉬운
6시그마 과제 추진

포스코특수강 6시그마연구회 지음

리드리드출판

□ 머리말

　해외 여행을 다녀오신 경험이 있습니까? 내 목적지에 맞도록 차를 골라 타는 방법, 여러 가지 낯선 음식들 중에서 메뉴를 선택하는 일, 지친 몸을 쉴 수 있는 숙소 정하기 등 내 집에서 살 때와는 다른 여러 가지 일들과 마주치게 됩니다. 낯선 문화와 풍습에 조금 당황하기도 하고, 크고 작은 실수도 하였을 것입니다. 저 역시 그랬습니다. 처음 가 본 낯선 땅이니 충분히 그럴 수 있지 하고 스스로를 위로했습니다.

　그러나 한편으로는 다른 생각도 들었습니다. 처음 해외 여행을 하는 사람이라면 누구나 비슷한 상황을 만나 비슷한 실수를 하게 될 것입니다. 하지만 앞서 경험했던 사람들이 그곳을 여행하게 될 사람들에게 자신의 실수담을 들려준다면 얼마나 큰 도움이 될까요? 하지만 우리는 누군가에게 큰 도움이 될 수 있는 이 같은 소중한 이야기들을 안에다 꼭꼭 묻어 두고 살아갑니다.

강의실에서도 이러한 현상은 어렵지 않게 마주칠 수 있습니다. 교육생들이 질문을 하는 경우란 극히 드물지요. 이해가 잘 되지 않거나 어려운 대목이 있으면 질문을 해주어야 합니다. 그래야 강사도 실패 연구를 통해 강의 방법을 개선하게 될 것이고, 이런 방향으로 흘러야 자연스럽게 좋은 강의가 이루어질 수 있을텐데 말입니다.

이 책은 바로 이와 같은 생각으로부터 출발하였습니다. 1999년에 6시그마 활동을 도입한 창원특수강은 이후 2000년부터 전사적으로 6시그마 과제를 추진하였습니다. 그러나 초기의 과제들은 짧은 교육에 익숙지 않은 상태에서의 수행이었던지라 오류가 많았습니다.

그러나 이런 오류를 부끄럽다고 숨기거나 가치를 부여하지 않고 묻어 둔다면 앞서 예를 든 여행이나 강의의 경우와 다를 것이 없다고 판단하였습니다. 즉, 구체적인 실패 사례를 연구하여 개선에 접목시킨다면 성공 사례에서 배우는 것보다 오히려 더 높은 효과를 거둘 수 있다고 확신하였습니다. 그래서 첫 단계로 Black Belt들의 연구 모임인 '6시그마 연구회'에서 초기 걸음마 단계의 120여 건 과제들을 종합 분석하였습니다. 그리고 그 결과를 '오적용 사례집'으로 엮어 자체 보수 교육용으로 사용하였는데, 효과가 매우 좋았습니다.

여기서 눈을 들어 좀더 넓게 생각해 보니 우리가 이 같은 애로를 겪었다면 6시그마 과제를 수행하는 타사 역시 크게 다르지는 않을 것으로 여겨졌습니다. 지난 1월에 6시그마 활동의 기본적인 내용을 정리해 출간한 「실행하기 쉬운 6시그마 기법」에 많은 관심을 보여 주신 여러 분들의 성원에 용기를 얻어 이번에는 한 걸음 더 나아가 과제 추진 실무에 직접적인 도움이 될 책을 준비해야겠다는 생각 또한 들었습니다. 그래서 '6시그마 연구회'의 '오적용 사례집' 내용을 본뜻이 훼손되지 않는 범위 내에서 일반적인 사례로 바꾸어 책으로 묶게 되었습니다.

이 책은 MAIC 12과정 순서에 맞추어 과제 추진 과정에서 발생할 수 있는 오류를 유형별로 정리하고, 각 사례별 대책을 제시하였습니다. 그러므로 이미 과제를 추진하고 있는 분이나 준비 중인 분 모두 각자의 과제와 연관지어 관심을 갖고 살펴보면 분명 소득이 있을 것으로 확신합니다. 또한 한 단계 발전된 과제로 향하는 지름길을 만나게 될 것입니다.

마지막으로, 타사도 쉽게 알 수 있도록 과제 오적용 분석 자료를 정리하고 재미를 더해 편집해 준 '6시그마 연구회'의 이준곤, 조원제 연구회원과 맛깔스런 그림으로 책을 빛내 준 최진숙 사우, 두 번이나 창원특수강과의 인연을 허락해 준 한국능률협회출판(주)의 관계자들에게 고마움을 전합니다.

남아 있는 2002년의 겨울을 보내는 길목에서
창원특수강(주) 전무이사 황 준 호

□ 차례

PART 3 시그마 도사와 함께하는 우주여행

PART 1

성공적인 6시그마 과제 추진을 위해

6σ Activity

6시그마 활동의 꽃 '6시그마 과제'

 '6시그마 활동'은 우리가 지금까지 경험이나 감으로 처리했던 문제 해결 방법을 계량화하고, 과학적인 기법과 체계적인 절차를 통해 경영 각 부문을 개선하는 활동이다.

 그러므로 6시그마 활동을 제대로 정착시킨다면 우리의 의식과 업무 방식

이 선진화되는 기업 문화 변화를 맞게 된다. 이 같은 6시그마 활동의 꽃이자 실무 방법이 바로 '6시그마 과제'이다.

'6시그마 과제'는 고객의 요구 사항이나 경영에 있어서의 고질적인 문제점을 대상으로 한다. 추진 방법은 문제 해결에 도달할 때까지 'MAIC 12과정'이라는 체계화된 절차를 밟는 것이다.

창원특수강의 6시그마 과제

창원특수강은 6시그마 활동의 꽃인 '6시그마 과제'를 활성화하기 위해 노력해 왔다.

특히 소수의 개선 전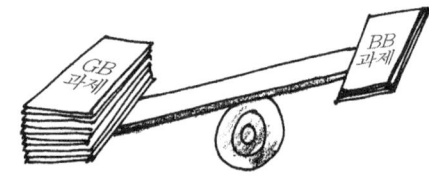

문가인 Black Belt 중심으로 과제를 추진하기보다는 개선 실무자인 Staff 직원과 현장 작업 리더들이 모두 참여하는 Green

Belt 과제를 중점적으로 추진하였다.

　그 결과 경영 각 부문에서 다양한 과제가 수행되었고, 이로 인해 재무성과 창출, 공정 능력 향상 등 가시적인 결과가 도출되었다. 그러나 Green Belt 교육 후 곧바로 6시그마 과제를 수행하다 보니 초기 과제들의 경우에는 과제 선정에서 추진 과정에 이르기까지 절차나 기법상 많은 오적용을 낳았다.

실패를 어떻게 받아들일 것인가?

　6시그마 과제 추진 과정에서의 이 같은 오적용들은 한마디로 '실패' 라고 할 수 있다. '실패' 라고 하면 어떤 사람은 '매우 잘못된 것', '발생하면 안 되는 것' 으로 여길지도 모르겠다.

　하지만 실패는 성공

으로 가기 위한 하나의 과정이자 디딤돌로 보아야 한다. 어린 아이가 넘어지는 실수의 과정 없이 단 한 번에 완벽하게 걸음마를 배울 수는 없듯이, 짧은 교육을 받고 익숙하지 않은 상태에서 6시그마 과제를 수행했을 때 오류를 범하는 것은 지극히 당연한 일이다.

그러므로 이러한 실패를 부끄럽다고 숨기기보다는 실패에서 가치를 찾는 것이 중요하다.

즉, 구체적인 실패 사례를 분석하여 공유하고 다시는 실패가 발생하지 않도록 노력한다면 이것은 성공 사례를 통해 배우는 방법보다 훨씬 유용한 방법이 될 것이다.

6시그마 과제 완성도 높이기

오적용 없이 6시그마 과제의 완성도를 높이기 위해서는 우

선 실제로 발생했던 오적용 사례들을 유형별로 분석하여 개선
방안을 수립해야 한다. 이러한 내용들을 자료로 삼아 미리 학
습하는 것만큼 좋은 방법은 없을 것이다.

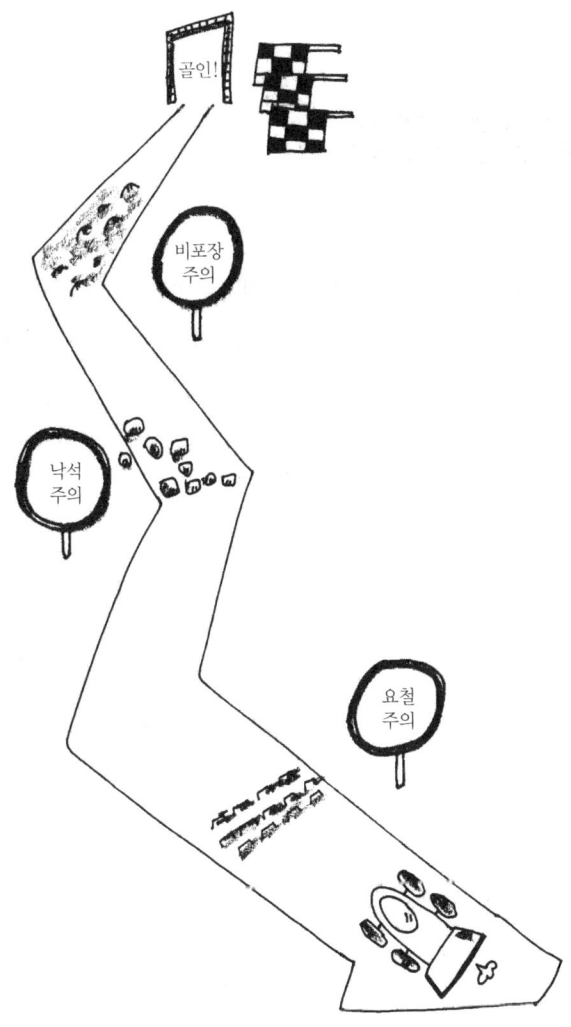

즉, 과제의 추진 순서인 M(측정)→A(분석)→I(개선)→C(관리)를 더욱 세분화한 12과정을 중심으로 하여 각 과정별로 범하기 쉬운 오적용을 미리 파악하여 수행에 임한다면 과제는 성공점까지 무난하게 골인할 수 있을 것이다.

오적용 사례를 발판으로

이 책에 인용된 오적용 사례들은 창원특수강의 초기 6시그마 과제에서 실제로 발생했던 것들이다.

다만 다른 기업체의 6시그마 과제 추진자들도 쉽게 이해할 수 있도록 오적용의 본뜻이 훼손되지 않는 범위 내에서 일반적인 사례로 각색하였다. 6시그마 과제 추진의 기본 개념과

방법론은 이제 공통의 언어가 된 만큼 지난 3년간 창원특수강에서 6시그마 과제를 추진하면서 발생했던 오적용들은 타 기업체에서도 얼마든지 발생할 수 있으리라 여겨진다. 그러므로 한 단계 발전된 과제 추진에 이 책이 훌륭한 도우미가 될 것으로 믿는다.

자, 그럼 좌충우돌하면서 6시그마 과제를 추진하는 '김 GB'와 김 GB를 바른 길로 안내하는 '시그마 도사'와 함께 6시그마 과제의 12과정으로 들어가 보자.

PART 2

12과정별 오적용 사례와 개선 방안

6σ Activity

제1과정. 과제의 출발선 **CTQ** 선정

CTQ 선정이란?

6시그마 과제에서 가장 기본이 되는 중요한 과정으로, 개선의 대상을 정하는 작업이다. 그러나 그 중요도에 비해 함부로 정해진 과제들이 많이 발견된다.

백일기도로 얻은 귀한 아들의 이름을 짓는다고 생각해 보자. 뜻이 좋고 부르기 쉽다고 해서 함부로 이름을 정하지는 않는다. 사주, 한자 획수, 음양오행설 등을 두루 살펴 가장 훌륭한 재목으로 자랄 수 있으리라 기대되는 이름으로 결정하게 된다.

CTQ를 정할 때도 마찬가지이다. 내키는 대로 정할 것이 아니라 CTQ가 될 수 있는 여러 가지 조건을 잘 따져 보아야 한다.

● 첫째, 항상 '고객의 관점'에서 접근하라

『산촌에 사는 사돈이 오랜만에 어촌의 사돈댁을 방문하게 되었다. 어촌 사돈은 산촌 사돈을 극진히 대접하기 위해 매우 귀한 더덕구이를 정성껏 차려 내었다. 신선한 광어 회를 먹고 싶었던 산촌 사돈은 실망했지만, 체면 때문에 말도 못하고….』

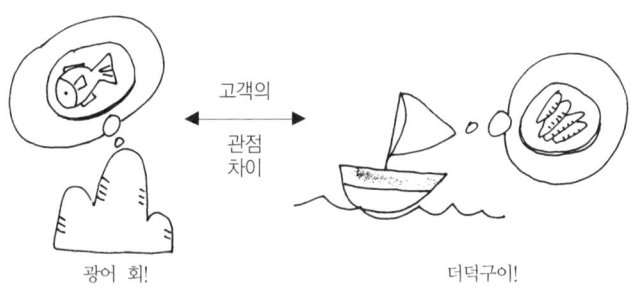

고객의 관점 차이

광어 회!   더덕구이!

'광어 회와 더덕구이'의 이야기가 바로 고객의 관점을 무시한 단적인 결과를 보여 주는 사례이다. 이 때문에 고객의 관점을 제대로 파악하는 것을 6시그마 과제의 출발로 보는 것이다.

고객 관점이 아닌 CTQ 선정(동상이몽: 同牀異夢)

구매 부서의 구매 담당자인 이 과장은 행정 업무 처리 시간을 단축시켜 달라는 부서 직원의 의견을 수렴하여 소모 자재를 구입 처리하는 '행정 업무 처리 시간'을 CTQ로 선정하고, 이를 단축하기 위한 과제를 추진하였다.

이 경우, 겉으로는 전혀 문제가 없어 보인다. 그러나 소모 자재를 구입, 의뢰하여 사용하는 현장 직원 및 고객과 구매 담당자의 CTQ 관점이 처음부터 달랐다는 것이 문제이다. 그림을 통해 살펴보자.

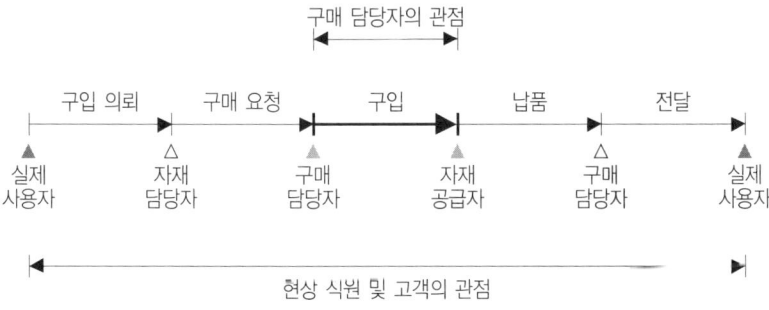

CTQ를 선정할 때는 항상 고객의 입장에서 생각해야 한다.

그렇게 하지 않으면 고객과 과제 리더가 각각 다른 꿈을 꾸는 꼴이 된다. 이런 것을 동상이몽(同牀異夢)이라 하던가?

●둘째, 내부 프로세스 관점에서 검토하라

고객의 관점에서 접근한다고 해서 무조건 과제화할 수 있는 것은 아니다. 손님이 우리 집 우물에서 숭늉을 찾으면 내가 우물에서 숭늉을 만들어 낼 수 있는지를 꼼꼼히 따져 보아야 한다. 다시 말해서, 고객의 요구 사항을 내가, 공정이, 회사가 소화해 낼 수 있는지를 검토해서 '내부적인 문제'로 전환할 수 있어야 비로소 과제의 CTQ가 될 수 있는 것이다. 이것이 바로 '내부 프로세스 전환'으로서, 고객의 CTQ에서 출발하여 6시그마 과제의 CTQ로 바꾸는 작업이다.

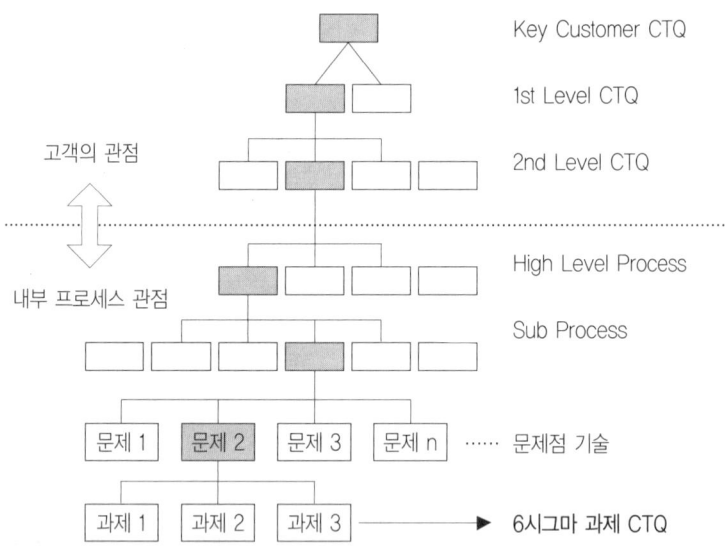

26

머리를 맞대고 미리 만들어 놓은 이런 작업을 'CTQ Tree' 라 한다. CTQ Tree가 잘 만들어져 있다면 과제 선정이 수월한 것은 물론 경영 전반의 모습을 짐작할 수 있다. 그러나 CTQ Tree를 구축하는 작업은 만만하지 않기 때문에 많은 시간과 노력을 필요로 한다.

CTQ를 선정할 때 고려해야 할 기본적인 사항을 다시 한번 정리해 보자. 우선 반드시 고객의 관점에서 출발해야 한다. 그리고 고객의 요구 사항을 내부 프로세스로 전환하여 과제의 CTQ를 정해야 한다.

● CTQ(Critical To Quality)란?

고객이 요구하는 중요한 품질 특성치를 말하며, 과제를 통해 해결해야 할 대상이 된다. 주로 신속성, 정확성, 완전성, 만족도 등을 나타내는 수치 및 기술적 성능이다. 시간, 치수, 물성치, 건수, 수량, 비율 등이 여기에 속한다.

김 GB, 내가 꾸짖은 이유를 알겠느냐? 다 너를 사랑하는 마음에서 그랬느니라. CTQ 선정부터 잘 잡아 주지 않으면 분명히 나중에 땅을 지고 후회할 일이 생길 것인데, 어찌 두고 보겠느냐?

고맙습니다, 도사님!

도사님 말씀을 듣고 보니 CTQ 선정 과정에서는 시간과 노력을 아끼지 말아야 한다는 것이 이해가 됩니다. 제 과제도 다시 한번 검토해 보겠습니다. 앞으로도 쭈욱 도와주십시오.

그래, 착하구나.

내친 김에 CTQ를 잘못 선정한 사례를 보여 줄 테니 참고하도록 하여라.

일상 업무가 아닌 SPOT성 CTQ 선정

박 대리는 설비 부서에서 예산 편성 업무를 담당하고 있는데, 과제 선정이 여간 어려운 일이 아니었다. 고민 끝에 겨우 '예산 편성 소요 일수'라는 CTQ를 찾아냈다. 마침 2/4분기 Rolling Plan을 짜는 시점이었던지라 '예산 편성 소요 일수'를 측정할 수 있었고, 무사히 '설비 부서 예산 편성 소요 일수 단축'이라는 과제를 등록하였다.

과제 선정이 어렵다고 생각하는 사무 간접 부문 직원들이 범하기 쉬운 경우이다. 박 대리의 오류를 살펴보자.

●첫째, 개선안 적용과 효과 파악이 곤란하다

일반적으로 예산 편성은 1년에 한 번 짜는 기본 예산 편성을 포함하여 연간 2~3회 정도 이루어진다. 다시 말하면, 4~6개월에 한 번씩 CTQ 측정이 가능하다는 것이다.

심지어 기본 예산이 잘 편성되어 Rolling Plan을 짜지 않아도 될 경우에는 개선안 적용 후 유효성 검증과 효과 파악이 요원해진다. 이런 이유로 박 대리도 과제가 끝날 즈음에야 잘못을 알게 되었다.

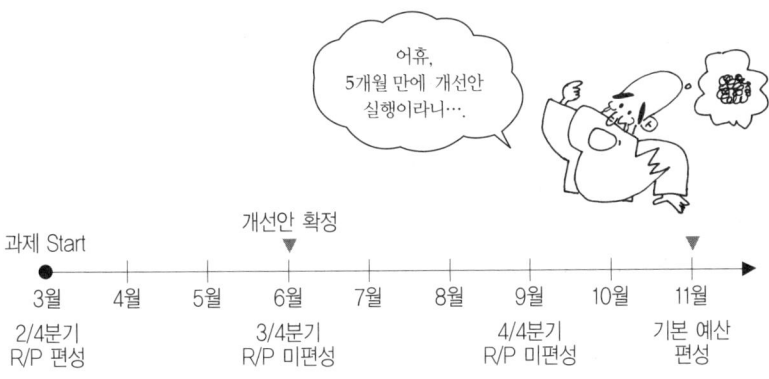

● 둘째, 일의 빈도가 낮고 경영에 미치는 영향이 작다

만약 박 대리의 CTQ가 회사 전반에 큰 영향을 미치는 중요한 특성을 가지고 있다거나 재무적 효과가 큰 것이라면 몰라도 단지 재무 담당 부서 내 예산 담당자의 애로 사항을 만족시켜 줄 정도일 뿐이라면 6시그마 과제로서 적합하지 못하다. 이런 이유 때문에 6시그마에서는 내일 반복적으로 이루어지는 일상 업무에서 중요하고 시급한 문제를 CTQ

로 선정하도록 권하는 것이다.

개선 효과 검증이 곤란한 CTQ 선정

김 과장은 어떤 기계 장치의 '구동 롤러 수명'을 CTQ로 선정하였다. 설계 기준에는 이 구동 롤러의 사용 수명이 평균 5년 정도로 나타나 있었다.

김 과장은 롤러 수명을 연장하기 위해 온갖 고생을 다하여 새로운 형태의 롤러를 제작하였다. 매력 있어 보이는 기술적 과제였다.

그런데 개선된 롤러를 장착한 다음 수명 연장 효과를 증명하려고 하니 난감하기 그지없었다. 설계 기준을 Defect 기준으로 한다면 최소한 5년 이상을 기다려 파손되지 않아야만 비로소 효과가 있다고 말할 수 있기 때문이다. 김 과장은 닭 쫓던 개 지붕 쳐다보듯 롤러의 파손 여부를 지켜볼 수밖에 없었다.

측정 자체가 곤란한 CTQ 선정

○○ 건설 회사에 근무하는 강 대리는 아파트 공사 후 '건축 내부 철근의 부식 정도'를 늦추어 보겠다는 당찬 CTQ를 선정하였다.

이 같은 경우는 개선 의욕이 앞선 나머지 흔히 범할 수 있는 유형으로 분류된다.

　건축 내부 철근의 부식 정도는 건축물을 파괴하지 않고서는 정확하게 측정하기 어렵다. 뿐만 아니라 '부식 정도'를 지표화한다는 것도 곤란한 일이기 때문에 처음부터 등록되지 못할 과제였다.

　이럴 때는 차라리 비파괴 검사가 가능한 '콘크리트의 강도' 등으로 CTQ를 대체하는 것이 바람직할 것이다.

CTQ 선정에 대해 마지막 조언을 몇 가지 해줄 테니 명심하거라.

• 고객을 절대 잊지 말아야 하며, 내부 프로세스로 전환해

야 한다.

- CTQ Tree에서 찾으면 명확하다. CTQ Tree는 회사, 부문, 부서에서 가장 시급하고 중요한 문제를 미리 분석하여 정리한 **CTQ Bank**이다. 이중에서 하나를 고르면 된다.

- **CTQ Tree**에 없을 경우에는 **CTQ**의 기본 조건과 선정시 착안 사항을 고려해서 정해야 한다.
  - 기본 조건: 측정 가능하며, 일의 기준을 가지고 있는가?
  - 착안 사항
    · 고객 만족이나 경영 성과가 기대된다.
    · **Size**가 너무 크거나 작지 않다.
    · **4~6**개월 내에 달성할 수 있다.
    · 해결책을 미리 알 수 없다.
    · 측정 주기가 너무 길지 않다.
    · 성과 검증에 문제가 없다.

- 일상적인 업무나 프로세스에서 찾아야 한다. 연간 업무, **SPOT**성 업무(프로세스)는 실천, 또는 단순한 개선으로도 충분한 경우가 많다. 그럼에도 꼭 **CTQ**로 선정하고자 할 경우에는 챔피언이나 6시그마 주관 부서와의 사전 협의를 거쳐야 한다.

판매 부서에서 가장 중요한 것은 첫째가 수주를 많이 받는 것이고, 둘째가 가격을 적정선으로 인상하는 것입니다. 그런데, 가격 인상이 필요해서 GB 과제로 추진하려고 하니 6시그마 과제로 부적합하다는 거예요. 부서에서 가장 중요한 부분을 과제화하지 못한다면 무언가 잘못된 게 아닙니까?

가격 조정이 매우 중요한 일임에는 틀림없다. 하지만 대다수 사람들이 잘못 알고 있는 사실이 하나 있는데, 6시그마는 결코 만능이 아니란다.

회사의 중요한 일들 중에는 6시그마를 통하지 않고 해결해야 할 문제들도 많이 있지. 특히 가격 문제는 우리가 관리하기 어려운 복잡한 내·외부 요인들에 의해 결정되는 경우가 많기 때문에 억지 논리의 전개는 곤란해.

오랜 경험과 시황을 토대로 전략적으로 판단해서 시행하면 되는 거야. 즉, 억지로 Defect를 정하고 핵심 인자를 선정하여 개선안을 도출하는 단계를 거쳐야 할 필요가 없다는 말이지.

하지만…무슨 일이 있어도 반드시 '가격'과 관련된 과제를 선정하여 회사에 기여하고 싶습니다. 무슨 방도가 없을까요?

그놈, 고집 한번 세구나. 그렇다면 한 수 가르쳐 줄 테니 받아 적도록 하여라.

성질이 급한 것 같으니 먼저 결론부터 일러 주겠다. 문제를 계속 Break-down하여라.

'층별' 하라는 말씀이시군요.

어쭈, 공자 앞에서 문자 쓸 줄도 아네!

판매 부문에서 최대의 CTQ는 '수주'와 '가격'이고, 수익성을 높이기 위한 전략적 CTQ가 가장 중요하다고 볼 수 있다. 여러 회사의 사례를 보더라도 '수주량'은 CTQ로서 큰 문제가 없지.

그러나 '가격'은 다르다. 어떤 과제의 개선안으로서 가격을 인상하는 경우는 있지만, 과제화하는 데에는 어떤 한계가 있기 때문이야. 그러나 꼭 불가능한 것만은 아니니 야구 경기를 통해 고민해 보도록 하자.

야구 경기에서 상대 팀을 이기는 방법은 뭐라고 생각하지?

수비를 잘하는 것도 있지만, 결국 상대 팀보다 점수를 많이 내는 것이 직접적인 방법 아닙니까?

그럼 구단이나 감독이 열중해야 할 부분은 점수(수익성)와 관련된 '타율(수주)과 작전(가격)'이 될 것이다.

어이, 고집불통. 1차로 문제를 쪼개 보니 이제 무언가 감이 잡힐 것 같은가? 아무리 6시그마에 초보라 해도 '타율'을 CTQ로 정하는 데에는 어려움이 없으리라 보는데.

타율은 2할 8푼, 3할 5푼 따위로 수치화될 수 있고, 3할 미만을 Defect로 정할 수도 있으니 문제 없겠는데요.

역시 가르친 보람이 있군! 그럼 '작전(가격)'은 어때? 역시 무얼 개선해야 할지 도통 감이 잡히질 않지? 바로 이때 Break-down(층별)을 해보면 답이 보일 수도 있다. 일단 이 도사가 풀어 갈 테니 잘 보도록.

작전은 다양한 측면의 분석 결과, 즉 데이터에 의해 파악된 선수들의 장점과 단점, 상대 팀의 전력, 그리고 감독의 경험과 판단력 등에 따라 결정될 것이다. 그러나 이쯤에서 고민을 멈추면 과제는 영영 물 건너간다. 한번 더 구체화할 수 있는지 생각해 봐야 한다는 말이다. '가격'과 관련된 과제를 선정하고 싶다면 말이지.

선수의 장·단점과 상대 팀의 전력을 다시 Break-down하면 점수를 더 많이 내기 위한 작전이 구체화될 거야.

이 제자가 한번 해볼게요.

만약 상대 팀의 선수가 우완 투수라면 좌타자를 많이 배치해야 할 것이고, 투수가 박찬호라면 박찬호를 상대로 타율이 가장 좋은 선수를 포진시켜야 할 것입니다. 또한 상대 팀의 2루 쪽 수비가 약하다면 발 빠른 선수로 하여금 도루를 많이 시도하도록 하는 것도 점수를 많이 뽑을 수 있는 적절한 작전이 될 것 같은데요.

일요일마다 야구 경기를 보더니만 작전을 제법 잘 세우네. 그럼 이제 CTQ가 보이느냐?

아직 잘 안 보이는데요….

이제는 현실적인 분석 감각을 발휘해야 해. 만약 ①보유하고 있는 좌타자의 타력이 보잘 것없거나, ②발 빠른 선수가 없다면 감독은 효율적인 작전(가격)을 펼칠 수 없을 것이고, 많은 점수(수익성)를 내는 데 실패할 것이다.

이제 개선해야 할 것(CTQ)이 보이지?

예, 감이 잡힙니다.

①좌완 타자의 타율을 올리고, ②선수들의 주력을 높이면 될 것 같은데요.

바로 그거다. 마지막으로, CTQ로 전환할 수 있는지를 검토해 보면 야구 경기에서 이기기 위한 과제가 도출될 것이다.

①좌타자의 타율이 보잘것없다(문제)→ CTQ: 좌타자 평균 타율(측정 가능)→3할 미만을 Defect로 정의(기준 있음)→ 현 수준: 2할 5푼. 이 정도면 CTQ의 조건으로 충분하니 과제로 선정될 수 있을 게야.

②발 빠른 신수가 없나(문세): 발 빠른 선수를 다른 구단에서 영입해 오면 해결될 문제지만, 당장 시행할 수 없다. 그리고 어떤 선수가

도루 기회를 잡을지도 알 수 없기 때문에 모든 선수의 100m 기록을 향상시키는 것이 최선책이다. →CTQ: 100m 기록(측정 가능)→12초 미만을 Defect로 정의(기준 있음). 이것 역시 과제로 선정될 수가 있다.

이제 현실로 돌아와서, '가격'과 관련하여 Break-Down해 보자.

가격을 결정짓는 원 단가, 다양한 User의 성향, 제품의 품질, 원료의 변동에 따른 원가 변동, 다른 업체와의 가격 차이, 제조 원가와 판매가의 차이 등 가격 문제를 세밀히 분석한다면 '작전'에서 '좌타자의 타율', '선수들의 100m 기록'과 같은 층별된 CTQ가 도출될 것이다. 이것은 반드시 직접 실행해 보아야 알 수 있으므로 오늘의 숙제로 내려 주겠다.

　　　CTQ 선정은 집을 짓기 위해 초석을 쌓은 것에 불과하다. 이제 기둥을 세우고, 지붕도 얹고, 내부 단장도 해야 한다. 그러나 정해진 순서 없이 닥치는 대로 했다가는 부실 공사가 되어 온전한 집을 완성할 수 없게 된다.

　　　이런 이유로 6시그마에서는 'M-A-I-C 12과정'이라는 합리적이고 체계적인 절차를 제공하여 이를 지키도록 하고 있다.

● M-A-I-C 12과정이란?

　'12개의 돌덩이로 만들어진 징검다리'로 비교될 수 있다. 중간에 한 개가 빠져도 안 되고, 너무 넓거나 좁게 놓아 발을 헛디디게 해서도 안 된다. 다시 말하자면, 12과정이 서로 유기적인 관계를 가지고 있어야 하고, 한 과정이라도 무시하거나 소홀히 다룬다면 개울을 건널 수 없게 된다는 뜻이다. 현명한 사람은 돌다리도 두드려 보고 건넌다고 하지 않던가!

이처럼 **CTQ**가 정해지고 나면 과정별로 핵심적인 개념과 관계를 미리 짚어 보는 것이 시행착오를 줄이는 데 매우 중요하다.

① **CTQ 선정**: Y=F(X)에서 Y를 결정하는 것이다. 모든 과정과 연관되어 있으며, **CTQ**를 떠나 생각해서는 안 된다. 6시그마 과제는 결국 **CTQ**를 찾아 개선하는 활동이다.

② 성과 기준 정의: **CTQ**의 잣대를 정하는 것으로, 제4과정

의 공정 능력 파악과 제11과정의 개선 효과 파악에 적용된다.

③ 측정 시스템 확인: CTQ의 신뢰성을 확인하는 것으로, 만약 측정에 문제가 있으면 12과정 전체에 잘못된 영향을 미친다.

④ 공성 능력 파악: CTQ의 현 수준을 파악하는 것으로, 제5과정의 개선 목표 설정과 제11과정의 개선 효과 파악에서 비교 기준이 된다. 이것은 제2과정에서 성과 기준을 정하지 못하면 불가능한 과정이다.

⑤ 개선 목표 설정: CTQ의 달성 목표를 정하는 것으로, 제4과정에서 현재 수준을 알아야 가능하다. 개선 후 효과 파악을 할 때도 비교 대상이 된다.

측정(Measure)은 CTQ를 찾아서 현재 수준을 파악하고, 개선 목표를 정하는 단계이다.

⑥ 잠재 인자 도출: Y=F(X)에서 X를 모두 찾아내는 과정이다. 측정 단계 이후의 기초 자료가 되는 것으로, 모든 가능성을 고려하여 최대한 많이 찾아내는 것이 중요하다.

⑦ 핵심 인자 선정: 제6과정에서 찾아낸 잠재 인자 중에서 CTQ에 치명적인 영향을 미치는 핵심 인자를 정하는 것이다. 개선 단계에서는 직접적인 개선 대상이 되고, 마지막 과정인 관리 시스템 실행 단계에서는 관리 대상이 된다.

분석(Analyze)은 가능한 한 모든 기법을 동원하여 CTQ에 영향을 미치는 잠재 인자를 도출하고, 핵심 인자(Vital Few)를 찾아가는 단계이다.

⑧ 개선안 도출: 핵심 인자에 대하여 최적안을 찾아내는 것으로, 개선 효과를 결정짓게 된다.

⑨ 개선안 실행: 최적안을 공정에 적용하고 유효성을 검증하는 과정으로, 관리 단계로 진입할 수 있을지를 알려 준다.

잘못된 요인이 발견될 경우 제8과정이나 제7과정으로 돌아가
야 한다.

⑩ 측정 시스템 확인: X인자에 대한 최적안 적용에 문제가
없는지 확인하는 과정이다. 이것이 잘못되면 아무리 좋은 개
선안이라도 제11과정에서 개선 효과를 제대로 얻기 힘들다.

쓱싹

개선(Improve)은 CTQ의 효과를 높이기 위한 최적안을 찾
아 프로세스에 적용하는 단계이다.

⑪ 개선 효과 파악: CTQ에 대한 전반적인 효과를 측정하고
검증하는 과정이다. 만약 효과가 나타나지 않으면 과제 전체
를 재검토해야 할 상황에 놓인다. 그러므로 각 과정에서 오류
를 범하지 않는 것이 최선이다.

⑫ 관리 시스템 실행: X인자에 대한 Control과 CTQ에 대한
Monitering이 이루어지는 과정으로, 개선 효과가 검증되이아
가능하다.

관리(Control)는 CTQ의 효과를 계속 유지하기 위해 관리 시스템을 실행하는 단계이다.

도사님 말씀을 듣고 보니 앞으로 해야 할 일이 눈에 보이는 것 같습니다.

그렇지만 통계도 잘 모르고, 어려운 기법도 많아 실전에서는 만만하지 않을 것 같은데요?

맞다. 그렇지만 어려운 통계와 기법은 나 같은 도사에게 물어 보면 금방 해결되느니라.

실제로 6시그마 과제 분석에 있어 통계와 기법을 몰라서 실패하는 것은 작은 문제야. 각 과정의 개념과 존재 이유, 전체 흐름을 충분히 꿰차고 있지 못함으로 말미암아 발생되는 잘못이 치명적이지. 그리고 그것은 한참 뒤에야 알 수 있고.

실제로 경험하지 않아 잘은 모르겠지만, 과제를 추진할 때는 M-A-I-C 12과정을 머릿속에 엮고 있어야 한다는 말씀이지요?

바로 그거지! 그러니 내가 일러 준 12과정을 10번, 20번 읽고 써 보도록 하여라. 자신도 모르게 돌잡이 전문가 수준이 되어 있음을 깨닫게 될 테니.

거기에다 어려운 통계적 분석 기법과 경험을 더하면 나처럼 도사가 될 수도 있지.

이 몸은 피곤하여 한숨 잘 테니 CTQ도 다시 찾고, 12과정도 열심히 써 보도록 하여라.

성과 기준 정의란?

6시그마 과제의 잣대를 정하는 것이다.

CTQ의 수준과 과제 성과가 이 잣대에 의해 결정되므로, 성과 기준 정의는 투명하고 합리적이어야 한다. 그리고 이렇게 정해진 잣대는 충분한 이유가 없는 한 함부로 바꾸어서도 안 된다.

앞에서 정한 CTQ를 다시 한번 정의해 보는 것에서 시작하는 성과 기준 정의에서는 가장 중요한 일이 Defect(결함) 기준을 정하는 것이다. Defect 기준이란 CTQ의 합·부를 결정하는 잣대로서, 데이터가 계량형인가 계수형인가에 따라 징해야 할 사항이 다르다.

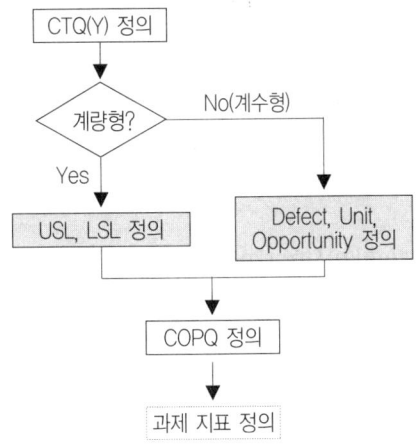

이중에서 계수형은 Defect, Unit, Opportunity 등 3가지를 정의해야 하는데, 현재 기준을 갖고 있지 않는 것이 많으므로 새로운 잣대를 세워야 할 경우가 많다. 그만큼 논란의 소지도 많게 된다.

반면에, 계량형은 Spec.만 정하면 되고, 대부분 기준을 가지고 일을 해 온 터라 오류를 범하는 경우가 드물다.

'성과 기준 정의'에서 대표적인 오류 유형

- 계량형이면서 계수형으로 접근함.
- Defect 기준 자체를 잘못 정함.
- 계수형에서 Defect, Unit, Opportunity를 잘못 정의함.

● 계량형 데이터(연속형 데이터)

- 길이, 무게, 온도, 시간, 강도 등과 같이 측정기로 계량화할 수 있는 것을 말한다.
- 중심과 산포, 기타 통계 수치로 나타낼 수 있으므로 많은 정보를 얻을 수 있다.

● 계수형 데이터(이산형 데이터)

- 불량품의 수, 특정 사건의 횟수 등 발생 빈도를 세어서 얻은 데이터를 말한다.
- 합격률, 불량률 등 한정된 정보만을 얻을 수 있다.

김 GB, 너는 잣대를 던져 주어도 어리벙벙한 수준이니 여기서 분명 오류를 범하겠구나. 몇 가지 사례를 보여 줄 테니 각성하도록 하여라!

'맥도리아'의 신촌 지점장은 손님들이 주문 후 대기 시간을 지겨워한다는 사실을 알게 되었다. 그래서 판매량이 가장 많은 햄버거를 대상으로 주문 대기 시간을 단축하기로 했다. CTQ를 '햄버거 주문 대기 시간'으로 정하고, 성과 기준을 정의하였다.

• Defect 정의: 대기 시간 5분을 초과하는 주문 건수

지점장은 햄버거 주문 대기 시간이 엄연한 계량형임에도 불구하고 계수형 기준을 정해 데이터를 수집하였다. 시간은 Timer로 측정 가능하고, 일정 기간 동안 연속적인 데이터 수집이 가능하다. 4.5분, 5.1분, 6.3분, 4.4분, 5.8분, 5.4분, 5.8분…5.0분….

만약 30명의 손님이 햄버거를 주문했다면 30개의 개별 값 데이터가 수집될 것이고, 많은 통계 수치가 생성될 것이다. 평균 대기 시간은 5.3분, 최대 대기 시간은 6.8분, 표준 편차는 0.77분….

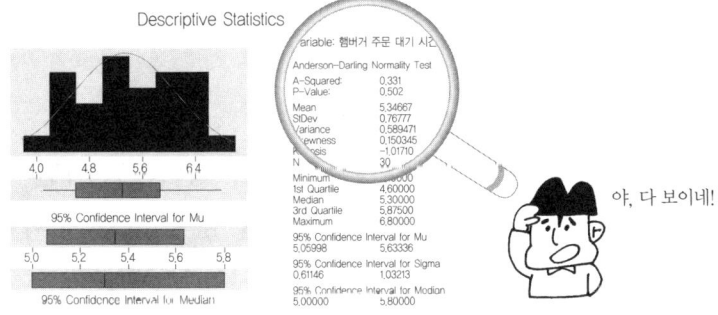

그런데 Defect를 '대기 시간 5분을 초과하는 주문 건수' 즉, 계수형으로 정함으로써 합격 건수, 불합격률과 같은 극히 제한된 정보만을 알 수 있다.

단순히 통계 수치만 비교해도 계량형과 계수형의 차이가 이 정도인데, 나중에 분석이나 개선 단계로 가면 어떤 현상이 나타날까? Defect 기준에 따라 합격, 불합격 건수로만 데이터 수집을 했을 때 분석 단계에서 벌어질 일을 가정해 보자.

● 세부적인 공정 분석이 불가능하다

손님이 햄버거를 받기까지는 '주문 – 조리 대기 – 조리 – 콜라 준비 – 포장 – 전달' 등 일련의 프로세스를 거치게 되는데, 5분을 초과한 건수만 측정할 경우 어느 공정에서 시간이 많이 소요되었는지 밝힐 수가 없다. 그리고 나중에 공정 분석이 필요하다고 느껴질 때는 다시 데이터를 수집해야 하는 번거로움을 감수해야 한다.

● 다양한 통계 분석이 불가능하다

통상적으로 제2과정에서 성과 기준을 정의하고 나면 데이터 수집이 진행되는데, Y와 X의 관계를 통계적으로 분석하기 위해 서로 대응된 자료를 수집한다. Y를 계수형으로 측정했을 때는 비율 검정, 카이스퀘어 검정 등으로 분석 기법이 제한을 받는다. 하지만 Y를 계량형으로 측정했을 때는 X의 데이터 유형에 맞추어 다양한 기법의 도움을 받을 수 있게 된다. 즉, 훨씬 정확한 핵심 인자를 선정할 수 있다.

No	Y	X 1(근무조)	X 2(수량)	X 3	...	X n
1	합격	A조	3개			
2	불합격	A조	5개			
3	불합격	B조	1개			
...		...	...			

또한 개선 단계에서 실험 기회를 놓치게 되고, 최적의 공정 설계를 할 수 없게 된다.

김 GB, 이 도사가 계량형이니, 계수형이니, 노래 부르는 이유를 이제 알 것 같으냐?

도사님은 '계량형 데이터'의 신봉자 같네요. 그래도 저는 합격, 불합격 계수형이 훨씬 쉽게 감이 외 닿는데요. 꼭 계량형으로 해야 하나요?

예끼, 이놈! 데이터를 일일이 측정하는 것이 귀찮으니까 무 자르듯이 싹둑 칼질하는 것이겠지! 네 놈의 게으른 심사를 내가 모를 줄 아느냐?

앗! 들켰다. 그런데 도사님, 계수형으로 해도 충분한데 계량형이 좋다고 억지로 계량형으로 하는 것도 문제가 되지 않을까요? 우리 부서 김 대리 과제가 그렇던데요.

🦜 계수형 CTQ를 계량형으로 생색내다

김 대리는 CTQ인 고객 만족도를 높이기로 마음먹었다. 딱히 만족도를 측정할 방법이 없어 7점 척도 방식으로 설문 조사를 실시하고, 이를 백분율로 환산하였다.

설문 조사 7점 척도	매우 불만족 1	2	3	보통 4	5	6	매우 만족 7
백분율	0	17	33	50	67	83	100

CTQ는 '고객 만족도'로, Defect는 '만족도 80% 미만'으로 정했다.

CTQ를 수치로 표현하면 이것이 도대체 계량형인지, 계수형인지 알 수 없는 경우가 많다. 이 경우 역시 고객 만족도를 수치로 나타냈을 뿐 연속적으로 측정되는 계량형 데이터가 아

니라는 사실을 인식해야 한다. 그런데도 억지로 계량화하여
공정 능력을 구하고, '평균 이동과 산포 축소'라는 개선 목표
를 설정하였다.

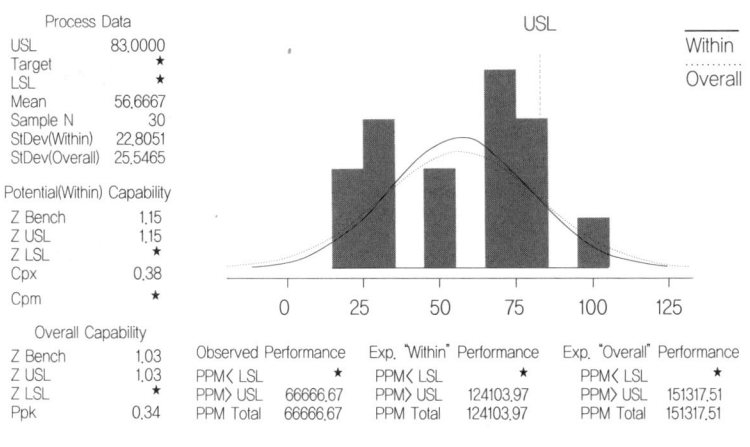

Process Capability Analysis for 만족도

Process Data	
USL	83.0000
Target	★
LSL	★
Mean	56.6667
Sample N	30
StDev(Within)	22.8051
StDev(Overall)	25.5465

Potential(Within) Capability

Z Bench	1.15
Z USL	1.15
Z LSL	★
Cpx	0.38
Cpm	★

Overall Capability

Z Bench	1.03
Z USL	1.03
Z LSL	★
Ppk	0.34

Observed Performance		Exp. "Within" Performance		Exp. "Overall" Performance	
PPM< LSL	★	PPM< LSL	★	PPM< LSL	★
PPM> USL	66666.67	PPM> USL	124103.97	PPM> USL	151317.51
PPM Total	66666.67	PPM Total	124103.97	PPM Total	151317.51

야, 멋진데!
역시 6시그마
과제다운
폼이 나는군.

　명목적인 계량화는 겉치레와 혼돈을 부르게 되므로 조심해
아 할 짐이나.

이놈, 보기보다 제법 예리하군. 그러나 지금까지 우리가 살펴본 오류들은 사실 작은 것이란다. 그러니 너무 우쭐대지 말도록. 맥도리아 신촌 지점장 과제에서 미처 밝히지 못한 핵심적인 오류를 설명할 테니 깊이 새기도록 하여라.

도사님, 핵심적인 오류라는 것이 혹시 Defect 기준을 잘못 잡은 것을 말씀하시는 겁니까?

아니, 어떻게 그걸 알았느냐! 현실을 잘 분석하지 않으면 찾아내기 힘든 것인데. 나 모르게 맥도리아 신촌점을 방문했던 것이더냐?

아니오. 저희 동네에 맥도리아 경화점이 있는데, 그 집 햄버거는 항상 3분 내에 나와요. 그런데 신촌점 지점장이 5분을 Defect 기준으로 잡았다길래 처음부터 이상하게 생각했죠.

54

　　6시그마 과제가 무엇이냐? 결함을 줄여 고객을 만족시키는 활동이 아니더냐? 그러니 고객의 목소리를 들어 고객이 요구하는 수준에서 잣대를 세워야 결함을 정확하게 측정할 수 있다는 뜻이지. 즉, Defect 기준은 과제 리더가 아닌 고객이 주인이라는 얘기다. 신촌 지점장의 핵심적인 오류도 바로 여기에 있었다.

● 고객을 무시한 Defect 기준을 잡았다

　　고객은 3분 이내에 햄버거를 먹기 바라는데, 이를 전혀 고려하지 않고 자신의 판단에 따라 5분의 잣대를 세웠다는 것이다. 이럴 경우 Defect를 100% 제거하더라도 고객은 여전히 불만스러워할 것이다. 2분이라는 Gap만큼!

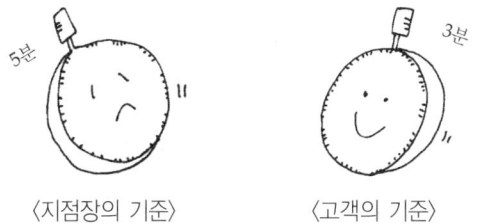

〈지점장의 기준〉　　　　〈고객의 기준〉

● 현재 수준을 정확하게 몰랐다

　　만약 경화점을 한 번이라도 벤치마킹했더라면 5분을 Defect 기준으로 잡지 않았을지도 모른다. 똑같은 설비와 재료를 사용하는 체인점 입장에서 2분의 차이는 기술상의 문제보다는 관리상의 문제가 많음을 의미한다.

그렇다면 Defect 기준을 어떻게 잡아야 바람직할까?

- 고객이 요구하는 최고 수준
- 고객의 요구가 수용될 수 없는 수준이라면 내부 관리 기준
- 계약서나 설계 도면상의 기준
- 표준 Spec.
- 벤치마킹을 통한 선진 수준
- 챔피언과 팀원의 의욕 수준

이때 과제의 목표를 Defect 기준으로 착각하면 안 된다. 과제의 목표를 기준으로 삼았을 때는 목표 달성과 동시에 Defect도 없어지고, 단 한 번의 과제로 손을 털게 되는 경우가 많기 때문이다.

신촌 지점장이 이 점을 깨달았다면 Defect 기준을 '3분'으로 정하고 1차 목표 '5분'을 먼저 달성한 다음, 다시 선진 수준인 '3분'을 향해 똑같은 과제명으로 2차 과제를 추진했을 것이다.

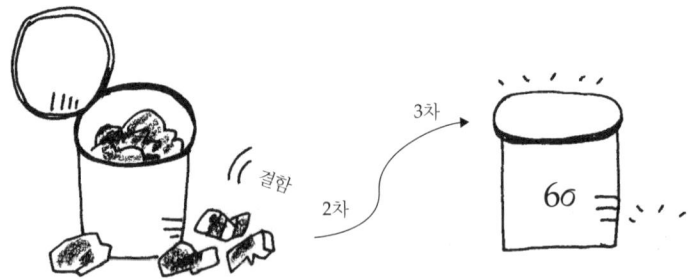

생산관리부의 박 과장은 제품의 장기 재공을 감축하여 품질 실패 비용을 절감하기로 했다. '3개월 이상 장기 재공량'을 Defect로, '재공량 전체'를 Unit로 정의하였다. 단, 재공량은 매월 1회씩 파악하는 계수형 데이터이다.

언뜻 보면 Opportunity(기회 수)를 정의하지 않은 것 외에는 별다른 오류가 없는 것으로 보일 수 있다. 그러나 Unit(단위)의 의미를 꼼꼼히 따져 보면 문제가 금방 드러난다.

개선 전·후 재공량이 다음과 같을 때의 장기 재공에 의한 불량률을 비교해 보자.

	재공량 전체(Unit)	장기 재공량(Defect)	불량률
개선 전	1,000톤	100톤	10.0%
개선 후	400톤	50톤	12.0%

박 과장이 과제를 통해 장기 재공량(Defect)을 감소시켰는데도 불구하고 오히려 불량률이 증가했음을 알 수 있다. Unit인 '재공량 전체'도 따지고 보면 Defect이고, 개선 활동에 영향을 받아 함께 감소했기 때문이었다.

이와 같은 경우에는 차라리 '생산량'을 Unit로 하고 장기 재공량과 재공량 전체 중에서 하나를 Defect로 정하는 것이 합리적일 것이다. 이 경우 기회의 수는 1이다.

Q&A

이제 **Defect** 기준은 확실히 알겠습니다.
그런데 **Unit**와 **Opportunity**는 그 의미를 정확히 모르겠는데요.

당연히 헷갈리겠지. 내가 계수형 과제를 분석해 보았더니, 약 50% 정도가 **Unit**와 **Opportunity**를 혼동하고 있었어. 이번 기회에 자세히 설명해 줄 테니 동료들에게 잘 가르쳐 주어라.

구멍이 5개씩 뚫린 6개의 프렌지를 조사한 결과 그림과 같이 결함이 발견되었다. **Unit**와 **Opportunity**에 대한 개념을 살펴보자.

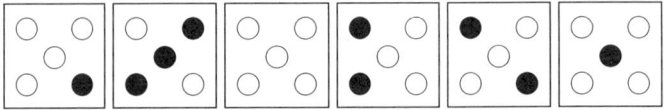

- **Unit**(단위)는 결함을 파악하기 위한 대상을 말한다. 프렌지가 6개이므로 **Unit**는 6이다.

• Opportunity(기회 수)는 하나의 단위에서 결함을 유발시킬 수 있는 가능성 수를 말한다. 1개의 Unit에 구멍이 5개씩 있으므로 Opportunity는 5이다. 구입 의뢰서의 입력 칼럼 수, 하나의 부품에 대한 납땜 개수 등이 해당된다. 그리고 이것은 포아송 분포냐, 이항 분포냐에 따라 달라진다.

포아송, 이항 분포가 뭡니까?
너무 어려워요. 쉽게 가르쳐 주세요.

확률 분포를 말하자면 어려울 수밖에 없다. 하지만 네가 쉽게 가르쳐 달라고 하니 간단하게 개념만 설명해 주마.

앞에서 설명한 프렌지의 구멍 하나하나를 세어서 나타낸 것을 '포아송 분포'라고 한다. 즉, 일정 단위 안의 결함 수를 하나하나 세어서 나타낸 것을 말하지. 잔디 구장에 난 잡초의 수, 혼인 신고서에 기재해야 할 항목 수 등도 여기에 속한다.

제 머리에 난 흰머리를 뽑아 수를 센 것도 포아송 분포겠군요. 그럼 이항 분포는 뭐죠?

이항 분포는 5개의 구멍 중에서 몇 개 이상

의 결함 수가 나타날 때 불량품으로 볼 것인가를 결정하는 경우야.

그럼 결함 수가 1개라도 있으면 불량품으로 책정하겠다고 했을 때, 불량품(Defective)과 Unit, Opportunity는 각각 몇 개가 되지?

불량품은 5개, Unit는 6입니다. 그런데… Opportunity는 잘 모르겠는데요.

네 놈이 모를 줄 알았다.

이항 분포 즉, 불량품을 세었을 때는 결함을 유발할 가능성이 있는 공정의 수를 Opportunity로 보면 된단다.

만약 프렌지의 불량을 '구멍 크기와 모서리 각도'로 판정한다고 가정하면, 크기를 결정짓는 드릴 공정과 모서리 각도를 조정하는 연마 공정이 결함을 유발하는 원인 공정이 되겠지. 따라서 기회의 수를 2로 보면 된단다.

Defect(결함)와 Defective(불량품)의 관계를 잘 모르면 계수형 CTQ의 성과 기준을 정하기 힘들어지니, 네 주변에서 사례 5개를 찾아 보아라. 오늘의 숙제다.

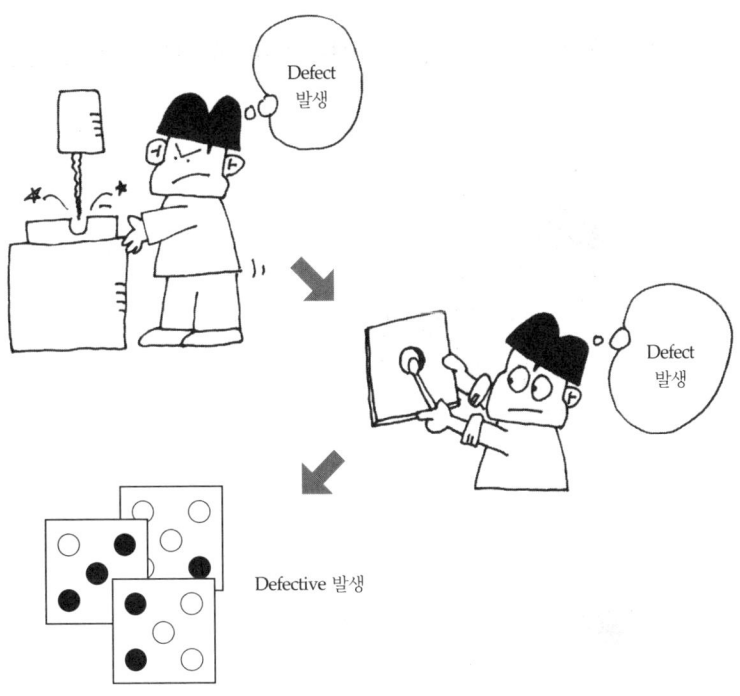

Defective 발생

CTQ(Y)에 대한 데이터를 믿을 수 있는지 증명하는 과정이다.

만약 신뢰할 수 없다면 신뢰할 수 있도록 만들어야 하고, 충분히 신뢰할 수준이라고 판단되면 비로소 그 데이터를 활용하게 된다. 그러나 많은 과제에서 '측정 시스템 확인'의 중요성을 등한시하고 있다.

어떤 업체에서 디지털 저울이 개발되어 나오기 시작하던 때의 일이다.

"아날로그 저울에 비해 측정치가 정확하여 믿을 수 있습니다."라고 판촉 사원이 아무리 떠들어도 사람들은 거들떠보지 않았다. 심지어 칼날이 시퍼런 정육점에서는 뜻하지 않게 곤혹을 치르기도 했는데, 정말 어처구니 없는 이유 때문이었다. 흔들리는 바늘만큼 미미한 이익을 보았던 정육점 측에서는 정확한 측정을 오히려 불편해 했던 것이다. 이제 옛날 얘기가 되어 버린 사실이지만 말이다.

하지만 과학적이고 통계적인 접근을 추구하는 6시그마 과제의 리더 중에서도 아날로그 시대의 정육점 주인 같은 사람이 의외로 많다는 사실을 믿을 수 있겠는가?

측정 시스템 확인을 달리 말하면 CTQ의 모습을 정확하게 파악하기 위한 사전 조치 활동으로서, 변동을 분해하여 그 정도를 확인하는 것이다.

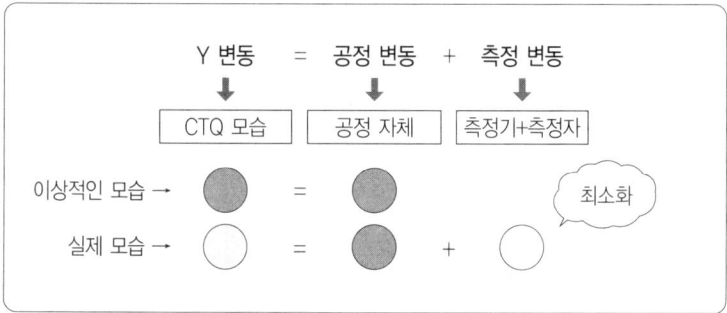

CTQ(Y)의 총 변동을 분해하면 CTQ를 생산하는 '공정 자체의 고유한 변동'과 CTQ를 측정하면서 포함되는 '측정에 의한 변동'으로 나눌 수 있다. 이중에서 우리가 개선해야 할 대상은 '공정 자체의 고유한 변동'이고, 이 변동만 CTQ의 모습에 반영되는 것이 최선이다.

그러나 실제로는 측정기와 측정자에 의한 변동이 어쩔 수 없이 개입되고, 그만큼 CTQ의 모습도 왜곡된다. 예를 들면, 저울 자체의 변동이 +10g이라면 손님은 항상 −10g의 고기를 먹게 된다는 것이다.

따라서 +10g에 해당하는 변동이 전체 변동 중에서 차지하는 정도를 통계적으로 평가하고, 변동을 최소화할 수 있는 현실적인 조치를 취하는 것이 측정 시스템 확인이다.

이 과정이 잘못되면 분석 단계에서 Y=F(X); 원인과 결과의 관계를 제대로 규명할 수 없고, 과제 자체의 신뢰성까지 의심받게 된다.

도사님 말씀을 듣고 보니 데이터의 신뢰성 확인이 얼마나 중요한지를 알겠습니다.

엉터리 데이터는 엉터리 결과를 낳겠네요?

당연하지. 그렇다고 너무 의기소침하지는 말거라.

지금이라도 네가 측정한 '590g, 30cm'가 믿을 만한 수준이라는 것을 증명해 보이면 돼.

믿음

검은콩

눈에 보이는 것도 골라내기 힘든데, 측정 변동을 어떻게 분해하지요? 전 도저히 못할 것 같은데요….

이 도사도 마찬가지란다. 손에 잡히지 않는 것을 어떻게 골라내겠어?

하지만 이미 만들어 놓은 기법들 중에서 적당한 것을 골라 쓰는 기술에는 도사지. 훨씬 고참인 도사들이 이미 잘 만들어 놓았거든.

네 **CTQ**는 계량형 **Gage R&R**을 쓰면 될 게다.

● Gage R&R이란?

반복성과 재현성을 분석하여 측정 시스템을 판단하는 기법이다.

- 반복성(**R**epeatability)

  한 명의 측정자가 동일 부품에 동일한 측정기를 사용하여 여러 번 측정하였을 때 발생한 측정치의 변동(**측정기에 의한 변동**)

- 재현성(**R**eproducibility)

  여러 명의 측정자가 동일 부품에 동일한 측정기를 사용하여 측정하였을 때, 측정자들 간의 평균치 차이(**측정자에 의한 변동**)

측정 시스템 확인 과정에서 범할 수 있는 오류는 ①확인을 할 수 있는 조건이면서도 하지

않는 경우와 ②확인은 하였더라도 문제가 있는 측정 시스템에 대하여 적절한 조치를 취하지 않는 경우가 대부분이다.

이 외에도 외부 고객이 사용하는 측정기와 다른 종류의 측정기를 사용함으로써 곤란을 당하는 경우도 있는데, 이는 고객의 입장을 무시한 중요한 오류에 해당된다.

측정 시스템을 확인하지 않았다

김 과장은 '자동차 정밀 부품의 길이 불량'을 해결하기 위해 2002년 8월 25일자로 6시그마 과제를 등록하였다. 평소에 A, B, C조에서 측정해 둔 데이터를 모아 공정 능력을 구하고, 통계적 분석도 하게 되는데….

• 측정에 사용된 마이크로미터의 검·교정 일자는 2002년 6월 25일

정밀 부품을 만드는 공정 관리는 극도로 통제된 상태에서 이루어지는 것이 특징이다. 따라서 부품 자체의 길이 변동은 크지 않은 반면, 측정에 의한 변동이 전체 변동을 좌우하는 경우가 많다. 이 경우 역시 측정자와 측정기 중 어느 한쪽도 확인하지 않음에 따라 CTQ에 대한 모든 결과를 신뢰할 수 없게 되었다.

결국 분석 단계가 끝난 후에 실시하는 과제의 '타당성·경제성 검토' 과정에서 김 과장은 담당 BB로부터 충격적인 제

안을 받게 된다.

"자, 측정 시스템 확인부터 새로 시작합시다."

김 과장의 측정 시스템 확인(Gage R&R)

- 최근에 검·교정한 다른 측정기를 준비했다.
- 규격의 전 범위를 포함할 수 있도록 사전에 계획을 세워 10개의 부품을 준비했다.
- A, B, C조 3명의 작업자로 하여금 10개 샘플을 무작위로 측정하도록 했다(2회 반복).
- 미니탭으로 분석한 결과 반복성, 재현성 모두 문제가 있음을 확인하였다. 그런데 또 다른 오류가!

측정 시스템의 문제에 맞는 적절한 조치를 취하지 않았다

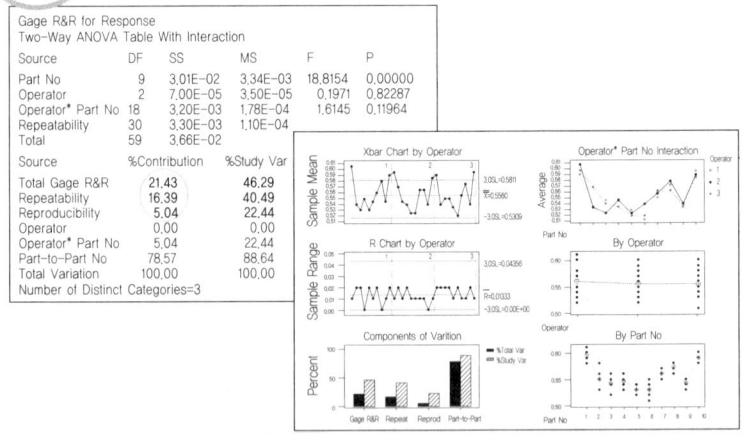

Gage R&R for Response
Two-Way ANOVA Table With Interaction

Source	DF	SS	MS	F	P
Part No	9	3.01E-02	3.34E-03	18.8154	0.00000
Operator	2	7.00E-05	3.50E-05	0.1971	0.82287
Operator* Part No	18	3.20E-03	1.78E-04	1.6145	0.11964
Repeatability	30	3.30E-03	1.10E-04		
Total	59	3.66E-02			

Source	%Contribution	%Study Var
Total Gage R&R	21.43	46.29
Repeatability	16.39	40.49
Reproducibility	5.04	22.44
Operator	0.00	0.00
Operator* Part No	5.04	22.44
Part-to-Part No	78.57	88.64
Total Variation	100.00	100.00

Number of Distinct Categories=3

김 과장이 실시한 측정 시스템 확인 결과를 살펴보면 총 기여도가 21.43%(측정기에 의한 기여도 16.4%, 작업자에 의한 기여도 5.0%)로, 불합격이다. 다시 말하면, 측정기와 측정자에 의한 변동이 심하여 데이터로 활용할 수 없다고 할 수 있다. 그런데 김 과장은 아무런 조치를 취하지 않았다.

 측정 시스템이 불합격일 경우

- 측정기의 수리 또는 교체를 통해 반복성을 확보하고,
- 교육과 훈련을 통해 측정자의 재현성을 확보한 후,
- 다시 측정 시스템을 확인해야 한다.
- 합격이 확인되면 비로소 다음 과정을 진행하라.

● Gage R&R에서 판단 기준

구분	기여도	조사 변동
측정 시스템에 문제가 없음	< 1%	< 10%
중요성 및 비용을 감안하여 판단	1% ~ 9%	10% ~ 30%
측정 시스템에 문제가 있음	> 9%	> 30%

기여도(% Contribution)와 조사 변동(% Study Variation) 중 어느 쪽을 적용해도 결과는 같으며, 낮을수록 좋은 측정 시스템이다 미니탭을 활용하면 결과를 쉽게 볼 수 있다.

도사님은 역시 훌륭한 컨설턴트이십니다.

측정 시스템 확인을 중요하게 생각하지 않았던 이 무식쟁이를 완전히 바꾸어 주셨어요.

제 과제의 CTQ에 대해서도 빨리 확인해 봐야겠습니다.

알아주니 고맙구나.

6시그마에서는 중요하지 않은 과정이 없단다. 특히 측정 시스템 확인은 아무리 강조해도 모자라지. 그래서 10번째 과정에서도 X인자에 대한 확인을 하도록 하는 거란다.

Q&A

그런데 도사님, 작업 현장에 부착된 계측기의 경우에는 Gage R&R을 하기가 어렵습니다. 그렇다고 하지 않을 수도 없고⋯. 다른 방법은 없나요?

좋은 질문이구나. 그게 바로 많은 사람들이 고민하는 문제니라.

Gage R&R이 물론 좋기는 하지만, 데이터

수집이 현실적으로 어려운 경우가 많단다. 그럴 때를 대비하여 3가지 정도의 방법을 제시하고 있는데, 그중 적절한 방법을 선택하면 된다. 가능하면 모두 확인해 보는 것이 제일 좋지만.

반복성과 재현성 확인 외의 방법은 다음과 같다.

■ 정확도(Accuracy) 확인
　참값(표준 시료)과 측정한 평균값과의 차이를 분석한다.
■ 안정성(Stability) 확인
　표준 시료를 동일한 계측기를 사용하여 시간 간격을 두고 측정하였을 때 얻어지는 측정치의 변동을 분석한다.
■ 선형성(Linearity) 확인
　계측기의 측정 가능 범위 내에서 정확도를 비교하여 평가하는 것으로, 측정 범위 양쪽 끝 구간의 정확도 차이를 분석한다.

　도사님이 지금까지 말씀해 주신 것은 계량형 데이터일 경우에 해당되는 얘기라고 생각됩니다.
　그럼 사무 간접 부문의 과제는 계수형이 많은데, 측정 시스템 확인을 하지 않아도 되나요?

역시 좋은 질문이야! 그렇지 않아도 지금 막 그 이야기를 해줄 참이었는데.

계수형이라고 예외는 없단다. 단지 그 방법이 다를 뿐이지. 병아리 감별을 예로 들어 설명해 줄 테니 잘 들어 보아라.

병아리 감별은 부화한 지 24시간 내에 좁쌀 크기의 생식기를 눈으로 확인하여 암·수를 구별하는 전문적인 기술이다.

암컷만 구별하여 양육하는 것은 양계 업자에게 더할 나위 없는 이득이므로, 수컷 병아리를 암컷으로 잘못 판정하는 것이 Defect가 되고 '정확도'가 과제의 CTQ가 될 것이다.

그렇다면 측정 시스템을 확인한다는 것도 결국 감별사들의 감별 결과를 믿을 수 있는지를 확인하는 것이다. 계량형 Gage R&R과 마찬가지로 3명의 감별사에게 10마리의 병아리를 제공하고, 각각 2번씩 감별하도록 하여 그 결과를 정리하면 반복성과 재현성을 쉽게 확인할 수 있다.

감별사 개개인의 불일치와 전체의 불일치를 √로 표시한 결과 다음과 같았다. 반복성과 재현성을 확인해 보자.

No	A 감별사			B 감별사			C 감별사			ABC
	1회	2회	불일치	1회	2회	불일치	1회	2회	불일치	불일치
1	OK	OK		NO	NO		OK	OK		√
2	OK	OK		OK	OK		OK	OK		
3	OK	OK		OK	OK		OK	OK		
4	OK	OK		OK	NO	√	OK	NO	√	√
5	OK	OK		OK	OK		OK	OK		
6	OK	OK		OK	OK		OK	OK		
7	OK	OK		OK	OK		OK	OK		
8	OK	OK		OK	OK		NO	OK	√	√
9	OK	OK		NO	OK	√	OK	OK		√
10	OK	OK		OK	OK		OK	OK		

■ 반복성(Repeatability)

- 각 병아리에 대해 감별사가 일관성 있게 평가한 수를 계산
한다.
- 평가 결과를 총 병아리 수로 나눈다.

감별사 각각의 반복성과 전체 반복성을 계산하면 다음과 같다.

A 감별사: 10 ÷ 10 = 100%

B 감별사: 8 ÷ 10 = 80%

C 감별사: 8 ÷ 10 = 80%

전체 반복성: 26 ÷ 30 = 86.74%

■ 재현성(Reproducibility)
- 각 병아리에 대해 모든 감별사가 일관성 있게 평가한 수를 계산한다.
- 평가 결과를 총 병아리 수로 나누면 재현성이 된다.

재현성: 6 ÷ 10 = 60%

계수형 Gage R&R 결과는 이렇게 해석할 수 있단다.

계수형 측정 시스템 확인은 반복성 및 재현성을 90% 이상 확보하는 것이 목표이다. 따라서 병아리 감별의 경우, 측정 시스템에 대한 신뢰성이 떨어진다고 말할 수 있지.

특히 재현성이 60%로 낮게 나타났으므로, 감별사 간의 눈높이를 맞추기 위해 감별법을 재정립하고 교육과 실습을 통해 일치시켜야 한다. 잘 알겠느냐?

예. 알고 보니 별것 아니네요.

지레 겁을 먹고 측정 시스템 확인을 하지 않은 사무 간접 부문 동료들은 반성 많이 해야겠는데요!

다음엔 무얼 해야 하죠, 도사님?

한꺼번에 너무 많은 것을 알게 되면 네 머리

가 터질까 염려되는구나. 잠시 머리도 식힐 겸 데이터 수집 방법에 대하여 알려 줄 테니 그대로 따라해 보도록 하여라.

6시그마 측정 단계의 전체 흐름을 정리하면 다음과 같다.

제일 먼저 **CTQ**를 선정하고 성과 기준을 정의한다. 이 과정에 의해 개선 대상이 무엇인지, 어떤 잣대로 평가할지가 결정된다.

다음에는 현재 수준을 파악하여 개선 목표를 설정해야 하는데, 그 전에 2가지 과정이 전개되어야 한다.

- 첫째, 데이터를 수집한다.
- 둘째, 데이터의 신뢰성을 확인한다.

이들 두 과정 중 어떤 것을 먼저 수행할지는 현실적인 조건에 따라 달라진다.

데이터가 통상적으로 쉽게 수집되며, 적당한 데이터 수가 확보되어 있다면 측정 시스템 확인을 먼저 한다.

반면에 데이터가 수집되어 있지 않은 경우에는 그만큼 측정이 어렵고 측정 시스템 확인도 곤란한 경우가 많다. 이때에는 데이터 수집과 측정 시스템 확인이 동시에 가능하도록 측정 방법을 잘 강구하여 시간과 노력을 절약할 수 있도록 해야 한다.

기본적인 주의 사항과 데이터 수집 방법에 대하여 간략하게 알아보자.

■ 데이터 수는 충분한가?

표본이 모집단을 대표하기 위해서는 데이터가 계량형인 경우 30개 이상이 필요하고, 계수형의 경우에는 더 많은 데이터가 필요하다. 그러나 현실적으로 충분한 데이터를 확보할 수 없는 경우도 있다. 이때는 반드시 **BB**와 의논해야 한다.

■ 데이터 수집 내용을 기술하라

데이터 수집 방법, 수집 기간, 샘플 수, 측정자 등 데이터 수집과 관련된 내용을 요약하여 기술해야 한다. 매우 단순해서 중요하지 않게 느껴질지 모르지만, 자신의 과제에 대하여 투명함을 드러내는 것이다.

■ 데이터 수집은 어떻게 하는가?

적절한 **Check Sheet**를 활용해야 한다. 그래야만 제4과정에서의 공정 능력 파악과 분석 단계에서의 통계적 분석이 용이하다.

	공정 능력 파악에 활용			핵심 인자 선정에 활용		
No	Y	X 1	X 2	X 3	X 4	X 5 …
1						
2						
3						

제4과정. 현재 수준을 알기 위한 **공정 능력 파악**

공정 능력(Process Capability)이란?

현재 프로세스가 결함이 없는 CTQ를 생산할 수 있는 능력을 말하는데, 주로 '시그마 수준'이라는 약속된 수치로 나타낸다.

그렇다면 공정 능력을 파악한다는 것은 어떤 의미인가?

많은 사람들이 1σ, 3σ, 6σ와 같이 시그마 수준을 산출하고 표시하는 것으로 오해하고 있지만, 결코 그렇지 않다.

'공정 능력 파악'의 진정한 의미는 맹목적인 수치를 리포트에 기록하는 것이 아니라 1σ, 3σ, 6σ 속에 들어 있는 정보를 읽어 내는 것이다.

즉, 공정 또는 CTQ의 특성을 파악하고, 앞으로 가야 할 방향과 목표를 설정할 수 있도록 해주는 일련의 활동을 말한다. 그러므로 공정 능력 파악 과정에서 가장 중요한 일은 공정 또는 CTQ의 특성을 있는 그대로 어떻게 파악할 것인가를 고민하고 분석하는 것이다.

'중심과 산포를 알면 그 공정을 모두 알 수 있다'는 말을 기억한다면 중심과 산포로 만들어진 공정 능력을 파악한다는 것이 얼마나 중요한 작업인지 짐작할 수 있을 것이다.

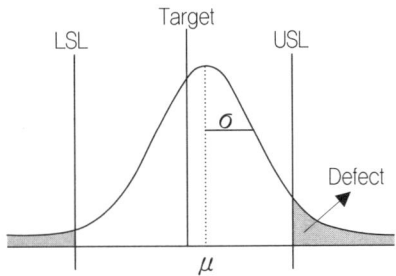

현재 상태에서 산포(σ)를 좁히고 평균(μ)을 목표(Target) 쪽으로 이동시키면, 결함이 줄고 시그마 수준이 엄청 높아지겠네!

다시 정리하면, 공정 능력을 파악한다는 것은 거울 앞에서 자신의 모습을 비추어 보는 것과 같다. 왜곡 없이 제대로 비추는 것이 관건이며, 현재 비추어진 모습에서 Defect가 얼마나 발생하고 있으며, 시그마 수준은 얼마인지 파악하여 어떻게, 얼마나 살을 뺄지 판단하는 것이다. 그러나 종종 오목 거울이나 볼록 거울로 비추어 보는 경우가 있다.

 도사님, 그렇다면 거울을 잘못 사용하는 것이
공정 능력 파악 과정에서의 오류가 되겠네요?

 그렇지. 달리 말하면 성과 기준을 잘
못 정의했거나 엉터리 데이터를 수집한
결과라고 할 수 있다. 그러나 걱정할 필
요는 없어. 여기서 바로잡으면 되니까.

공정 능력 파악에서 발견되는 오류는 크게 2가지 형태로 분
류할 수 있다.
  • 첫째는 성과 기준 정의, 측정 시스템 확인, 데이터 수집
    과정에서의 잘못이 이어져 나타나는 것이고,
  • 둘째는 공정 능력을 파악할 때 통계적인 이론과 기술적인
    측면 사이의 차이를 미처 알아채지 못함에 따라 발생하는
    것이다.

전자는 앞 과정을 잘 살펴서 오류를 없애면 충분히 예방할
수 있는 것으로서, 이미 각 과정별 중요한 내용을 살펴보았다.
그리고 설사 잘못했다고 하더라도 이 과정에서 수정하면 된다.
반면에 후자의 경우에는 앞 과정에서 오류 없이 했더라도
잘못될 수 있는 사항으로서 공부가 필요하며, 세심한 주의가
요구된다.

박 과장은 '클레임 처리 시간'이 너무 길다는 고객사의 불만을 듣고 이를 단축하기로 했다. 현재 수준을 알아보기 위해 내수품과 수출품의 처리 기준에 따라 각각 15일, 30일을 Defect 기준으로 정한 후, 공정 능력을 산출하였다.

이 경우, **CTQ**와 성과 기준 정의에서는 아무런 문제가 없다. 그리고 클레임 처리 시간도 접수에서 완료까지 전산 시스템으로 통합·관리되므로 데이터의 신뢰성도 확보되어 있다.

그럼 무엇이 문제인지 박 과장의 공정 능력 파악 과정과 결과를 따라가면서 살펴보도록 하자.

● 정규성 검정은 했으나, 조치가 없었다

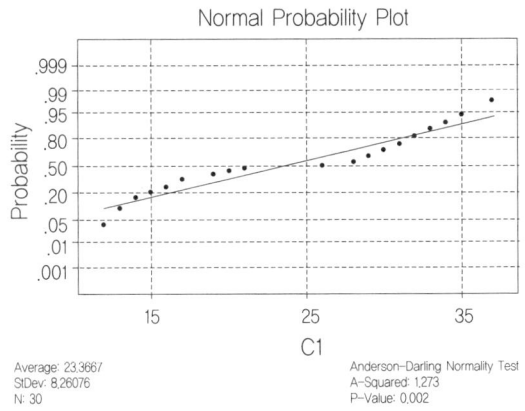

Normal Probability Plot

Average: 23.3667
StDev: 8.26076
N: 30

Anderson–Darling Normality Test
A–Squared: 1.273
P–Value: 0.002

표본 데이터가 정규 분포를 따르느냐, 그렇지 않느냐에 따라 공정 능력을 구하는 방법이 달라진다. 이 경우 P값이 0.002로, 정규성이 없다. 당연한 결과지만.

시그마 수준은 정규 분포를 따른다는 가정하에서 출발하여 표준 정규 분포로 표준화한 Zb값으로 구하는 것이 정통적인 방법이다.

그렇다면 정규성 검정을 해보는 것은 기본 중에 기본에 해당된다.

박 과장의 경우, 기본을 잘 지켰으니 칭찬해 줄 만하다. 그러나….

첫번째 오류가 숨어 있다. 정규성이 없으면 그 이유를 살펴보고 조치를 취해야 마땅하나 그렇게 하지 않았다. 정규성이 없더라도 쉽게 시그마 수준을 구할 수 있는 방법을 알고 있었기 때문이다. 그러나 그 방법은 하나의 동일한 특성치이며, 이상 데이터가 영향을 미치지 않을 때 사용하는 최후의 보루임을 박 과장은 모르고 있었던 것이다.

무슨 말씀을 하시는지 알 듯 말 듯하네요.

잘했다, 못했다, 알고 있었다, 모르고 있었다, 헷갈리게 하지 마시고, 무엇이 오류인지 단칼에 잘라 말씀해 주세요.

고놈 참, 성질 한번 고약하구나.
정규성 검정을 했으니 잘했다고 하고, 조
치를 취하지 않아 잘못했다는데, 왜 그래!
나머지는 다음 결과를 봐야 알지.

● **하나의 잣대로 묶어서 시그마 수준을 구했다**

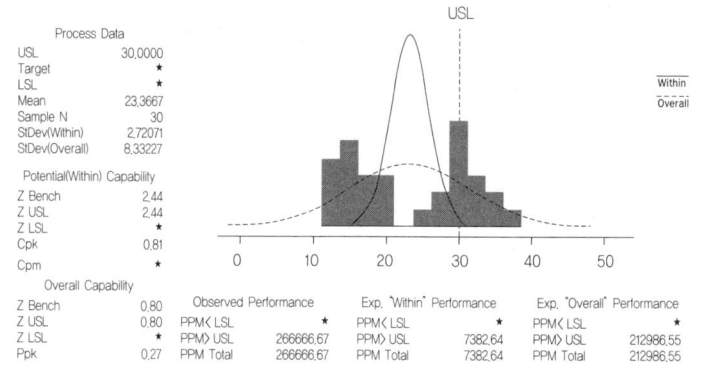

Process Capability Analysis for 처리 시간

박 과장은 비록 정규성은 없지만 **USL**을 30일로 하여 공정
능력 분석을 했다.

관찰값 **266,666ppm**을 읽고 시그마 수준을 구한 결과 **2.12**
시그마였다(쉬운 방법).

진짜 오류가 여기에 있다. '성과 기준 정의'에서 **Defect** 기
준을 내수품과 수출품으로 분리했지만, 정작 시그마 수준을

구할 때는 수출품 하나의 잣대(30일)로 구했다. 이 때문에 당연히 내수품의 결함은 묻혀 버리고 말았다.

박 과장의 오류를 종합적으로 정리하면 다음과 같다.

- 정규성 검정은 했지만, 그 결과에 나타난 문제를 세심하게 살피지 않았고(전 처리 작업 잘못),
- 그로 인해 서로 다른 특성치를 섞어서 공정 능력을 구함에 따라 현재 수준을 정확하게 파악하지 못했다(거짓 모습 파악).

이러한 잘못은 많은 과제에서 발견되고 있는데, 주로 비슷한 성질을 갖는 것들을 하나의 특성치로 묶어서 표현하는 경우에 발생한다.

예를 들어, 붉은색, 분홍색, 주황색을 '적색 계통'이라는 동일 범주로 정하고, '적색 계통 옷감의 붉은색 물감 함유량 줄이기' 과제를 추진한다고 하자. 공정 능력은 어떻게 되겠는가?

Defect 기준을 어떤 색깔에 맞출 것인가에 따라 공정 능력은 완전히 달라진다. 붉은색을 Defect 기준으로 하면 분홍색, 주황색 자체의 고유한 결함이 묻혀 버리게 되고, 분홍색을 기준으로 한다면 붉은색은 전부 Defect가 되어 공정 능력이 엄청 나빠질 것이다.

박 과장의 과제는 붉은색을 Defect 기준으로 한 것과 같다.

그리고 붉은색 물감 함유량을 붉은색, 분홍색, 주황색으로 나누어 측정했다면 데이터의 분포가 분명히 3개의 군집을 이루게 되고, 아무리 정규성 검정을 해봐도 정규성이 없는 것으로 나올 것이다. 박 과장의 과제도 2개의 군집을 형성하고 있지 않던가?

그럼 어떻게 하는 것이 올바른 방법일까?

군집 현상으로 정규성이 없다면 바로 조치를 취하는 것이 바람직하다. 즉, 내수품과 수출품을 층별하여 각각의 공정 능력을 구해야 한다.

층별을 하면 어느 쪽을 먼저 집중해야 할지 알 수 있고, 그 중에서 '내수품 클레임 처리 시간'은 과제 선정을 못해 고민하는 동료에게 줄 수도 있었다.

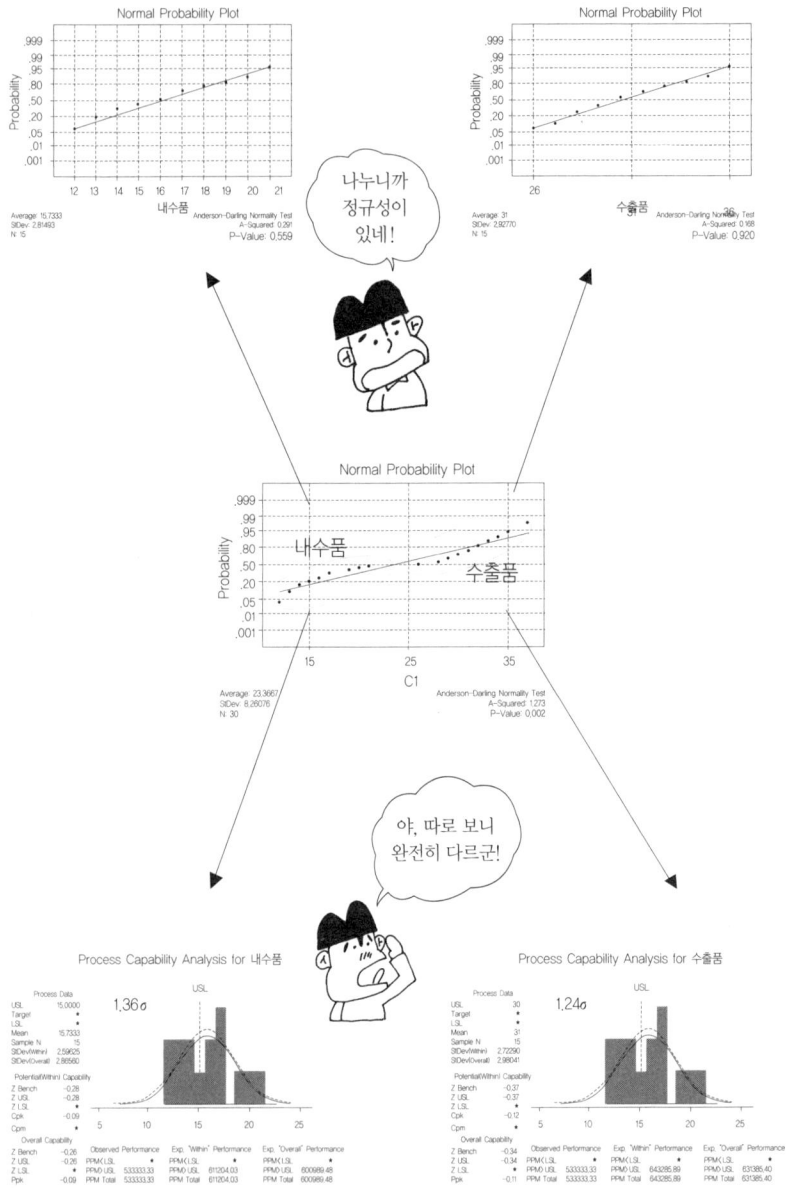

어차피 어려운 부분을 시작했으니 계량형 공정 능력을 파악할 때 적용하는 일반적인 절차를 알아보도록 하자.

 계량형 공정 능력 파악 절차

- Step 1: 수집된 데이터로 기초 정보를 살펴본다. 기초 통계량, 히스토그램, 관리도 등. 의외의 문제를 발견할 수 있다.

- Step 2: 정규성 검정을 실시한다. 표준화된 방법을 따를 수 있는지 확인하기 위함이다. 정규성이 있다면 만사형통! 정규성이 없다면 다음 Step을 밟는다.

- Step 3: 서로 다른 특성치가 섞여 있는지 확인한다. 만약 있다면 분리하라. 없다면 다음 Step으로!

- Step 4: 이상 데이터를 확인하고, 있으면 제거한다. 미꾸라지 한 마리가 정규성을 흐린다. 없다면 다음 Step으로!

- Step 5: 치수 변환(Box–Cox 변환)을 통해 정규 분포화시킨다. 이 정도가 되면 정규성이 나타나는데, 치수 변환값을 적용하여 구하면 된다. 그래도 안 되면 BB를 불러라.

측정 단계에서 하는 일들은 온통 공정 능력에 집중되어 있네요. 전 미니탭만 돌리면 될 줄 알았는데….

네 말이 맞다. 지금까지 공정 능력을 파악하기 위해 집중했듯이, 앞으로는 공정 능력을 향상시키기 위해 목표를 설정하고 분석－개선－관리 활동을 하게 될 거야. 고객의 요구도 결국 공정 능력 향상이거든.

고객은 품질(Q), 비용(C), 납기(D) 측면에서 더 좋은 서비스를 원하고, 생산자 입장에서는 고객을 만족시키기 위해 Q, C, D에 대한 내부 프로세스 수준을 파악한다. 이것이 바로 공정 능력이다. 그리고 낮은 수준의 문제부터 M－A－I－C 절차를 통해 지속적인 개선을 해 나가는 것이 6시그마 활동이다. 즉, 고객과 생산자의 접점에서 서로의 의사를 합리적으로 표현하는 언어라고 할 수 있다.

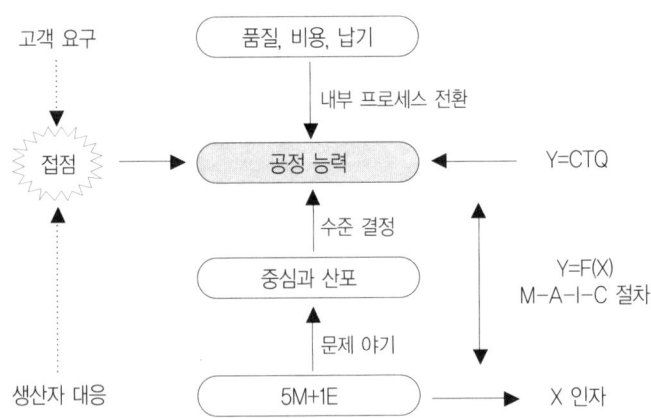

연구소에 근무하는 강 연구원은 인기 절정인 아이스크림의 초콜릿 함량이 최초에 설계한 규격을 맞추지 못한다는 소문을 들었다.

그 규격은 1년간 실험에 의해 설정한 최적 조건으로서, 초콜릿 함량을 최소화하면서 독특한 맛을 내게 만드는 노하우였다.

공정 능력 확인이 급선무라고 생각한 강 연구원은 평소에 친분이 있던 A조 반장에게 자초지종을 설명하고, 샘플 채취를 부탁했다.

다음날, 냉장고에 들어 있는 샘플을 꺼내 시그마 수준을 구해 보니 거의 6시그마 수준이 아닌가!

"그러면 그렇지, 우리 회사 기술이 어떤 수준인데! 괜히 걱정했잖아."

강 연구원은 분석 결과를 팀장에게 보고하고, 모두를 안심시켰다.

이 사례에는 매우 중요한 오류가 숨어 있다. 약간 복잡한 내용이지만, 설명하자면 다음과 같다.

- 단기 · 장기 데이터를 이해하지 못했다.
- A조 반장에게 설명함으로써 극도로 통제된 작업 조건을 만들고, 변동의 개입을 자단시켰다. 즉, A조에서 단 몇 분간 생산한 연속된 샘플을 활용함으로써 실질적인 공정 능력을 파악하지 못하고 엉터리 결정을 내리게 했

던 것이다.

결국 규격 미만의 초콜릿을 첨가하여 고객의 입맛을 만족시키지 못하고, 회사 이익에도 마이너스 효과를 가져오는 심각한 오류를 범하고 말았다.

● 단기 데이터(단기 공정 능력), 장기 데이터(장기 공정 능력)란?

단기 데이터	장기 데이터
• 단일 작업 교대 시간에 걸쳐서 • 하나의 기계를 사용해서 • 한 명의 작업자를 대상으로 • 하나의 Lot에 속하는 원자재 등으로부터 수집된 데이터	• 다수의 작업 교대 시간에 걸쳐서 • 다수의 기계를 사용해서 • 여러 명의 작업자를 대상으로 • 다수의 Lot에 속하는 원자재 등으로부터 수집된 데이터

• 보통 동일한 작업 조건에서 얻어진 단기 데이터로 파악한 공정 능력을 '단기 공정 능력' 이라고 한다(군내 변동만 존재).
  ☞ 잠재적(Potential) 공정 능력, 최적 조건에서의 공정 능력
    → 개선을 위해 기술이 필요

• 여러 조건에서 얻어진 장기 데이터로 파악한 공정 능력을 '장기 공정 능력' 이라고 한다(군간 변동 포함).
  ☞ 실질적(Overall) 공정 능력, 일상 조건에서의 공정 능력
    → 개선을 위해 기술과 공정 관리가 필요

일반적으로 현재 수준을 파악한다고 할 때는 군내·군간 변동을 포함하는 실질적 공정 능력을 말하는 것이다. 그러나 공정 능력을 나타내는 '시그마 수준 산출 방법'과는 차이가 있으므로, 혼돈이 없어야 한다.

시그마 수준은 단기 공정 능력으로 나타내는데, 이것은 장기 공정 능력에 +1.5 Shift한 값이다. 이 값은 6시그마 수준을 겨냥한 통계적인 경험에서 나온 것으로, 실제 모습이라고 하기는 어렵다.

그러므로, 시그마 수준을 단기 공정 능력으로 나타낸다는 생각에 오로지 군내 변동만 포함되는 단기 데이터를 수집하여 단기 공정 능력을 구하는 우를 범하지 말아야 함을 명심하자.

강 연구원도 결국 공정 능력 파악에서 필요한 데이터의 유형을 몰랐던 거군요? 그러다 보니 A조를 상대로 짧은 시간에 데이터를 수집했던 것이고.

그뿐만이 아니니라. 자신이 잘 모르다 보니 A조 주임에게 데이터의 중요성을 설명하지 못했고,

A조 주임은 작업자에게 FM대로 작업하라고 지시했겠지. 당연히 이상 원인이 차단되었을 테니 좋은 결과가 나올 수밖에.

도사님, 계량형 공정 능력을 구하는 것은 그나마 쉬운 것 같아요. 동료들을 보니 계수형 공정 능력 때문에 애를 먹는 경우가 더 많던데요.

계수형 공정 능력을 구하는 것 자체는 어려울 게 없어. 정해진 원칙을 따르면 되니까 말이야.

아마도 불량률이 'Zero'인 자료의 공정 능력을 구할 때 Unit, Opportunity 수치에 따라 시그마 수준이 달라지니까 헷갈려서 어렵다는 말이 나오는 것일 테지.

그 내막을 설명해 줄 테니 잘 들어 보아라.

● 불량률이 0%이면 과연 완벽한 수준인가?

불량률이 0%라는 것은 100% 양품을 생산한다는 말과 같다. 여러 가지 경우의 수로 시그마 수준을 구해 보자(계수형 공정 능력 산출표 활용).

구분	Defects (결함)	Unit (단위)	Opt (기회수)	Total Opt (전체 기회수)	DPU	DPO	DPMO	Shift	Capability (장기)	시그마 수준
	_D_	_U_	_OP_	_TOP_	_DPU_	_DPO_	_DPMO_	_Shift_	_Sigma–L_	_Z.B_
100% 양품	0	100	1	100	0.0000	0.000000	0	1.5	2.46	①3.96
	0	10000	1	10000	0.0000	0.000000	0	1.5	3.81	②5.31
	0	1000000	1	1000000	0.0000	0.000000	0	1.5	4.77	③6.27
6시그마 수준	3.4	1000000	1	1000000	0.0000	0.000003	3.4	1.5	4.50	④6.00

어떤가? 불량률 0%이면 무조건 완벽한 수준이라는 지금까지의 생각에 변화의 바람이 부는가?

똑같이 결함이 없는 상태임에도 ①100개 중 100개가 양품일 경우에는 3.96ơ, ②1만 개 중 1만 개가 양품이면 5.31ơ, ③100만 개 중 100만 개 모두 양품일 경우에는 6.27ơ로, 각기 다른 시그마 수준을 나타낸다. 그 이유는 다음과 같다.

- 시그마 수준은 100만 번 기회당 발생한 결함 수(DPMO; Defect Per Million Opportunity)로 산출하기 때문이다. 따라서 100% 양품을 만드는 프로세스라 해도 전체 기회 수(TOP; Total Opportunity=단위×기회수)가 얼마인가에 따라 다르게 평가될 수밖에 없다.
- 그 의미는 기회의 수가 클수록 불량 발생 확률이 높다는 뜻이 되고, 반대로 말하면 높은 불량 확률 속에서도 100% 양품을 생산한다는 것은 그만큼 우수한 공정 능력을 확보하고 있다는 말이 된다.

- 그러므로 계수형 공정 능력을 구할 때는 단순히 불량률만 따질 것이 아니라 불량을 발생시킬 가능성까지도 고려해야 한다. 참고로, ④6시그마 수준은 전체 기회의 수를 100만 개로 했을 때 3.4개의 불량이 발생하는 수준임을 알 수 있다.

그렇다면 TOP가 100만을 넘지 않으면 백날 노력해도 6시그마 수준은 안 되겠네요?

그래, 맞다. 그래서 계수형 공정 능력 산출에 애로가 많다는 거야. 그러나 Defect가 Zero인 과제는 거의 없으니 걱정할 필요는 없다.

산출 방식만 잘 알고 있으면 어떠한 계수형 자료라도 거뜬히 해치울 수가 있지.

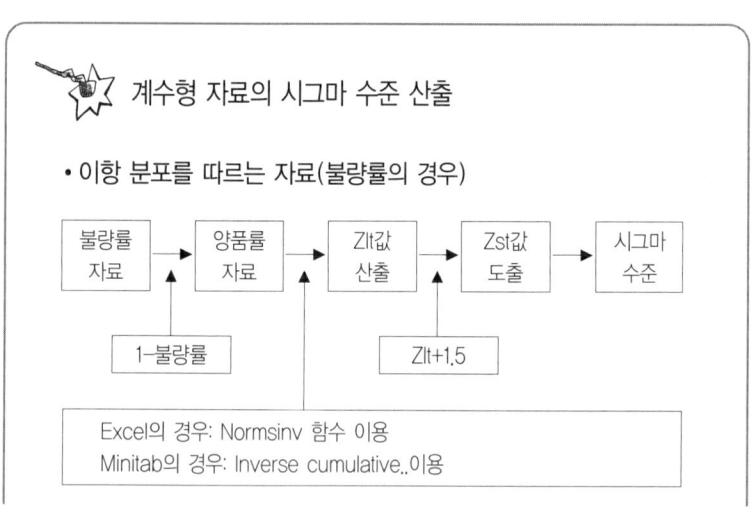

계수형 자료의 시그마 수준 산출

- 이항 분포를 따르는 자료(불량률의 경우)

불량률 자료 → 양품률 자료 → Zlt값 산출 → Zst값 도출 → 시그마 수준

1-불량률

Zlt+1.5

Excel의 경우: Normsinv 함수 이용
Minitab의 경우: Inverse cumulative..이용

* Normsinv, Inverse cumulative..: 표준 정규 누적 분포의 역함수
  를 구하는 명령어로, 양품률에 대한 Zlt 값을 구하는 데 사용됨.

• 포아송 분포를 따르는 자료(결점수의 경우)

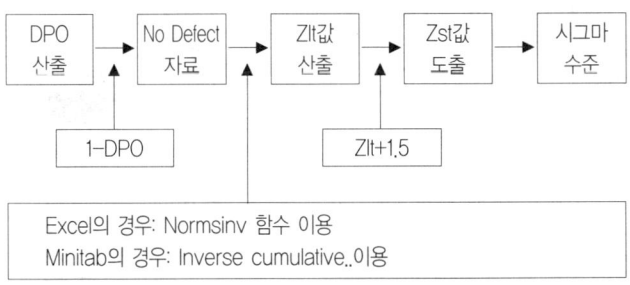

* DPO: Defect/TOP = Defect/(Unit＊Opportunity)

개선 목표란?

　　고객의 요구 사항(CTQ)을 만족시킬 수 있는 수준으로, 결함 감소 목표를 말한다.

　　그러므로 제멋대로 정할 것이 아니라 현재 수준을 기준으로 하여 외부 고객과 내부 고객의 기대치를 감안한 수준이 되어야 한다.

　　일반적으로 현재 수준(Baseline)과 최고 수준(Benchmark)의 Gap 분석을 통해 설정하는데, DPMO(PPM)와 공정 능력으로 나타낸다.

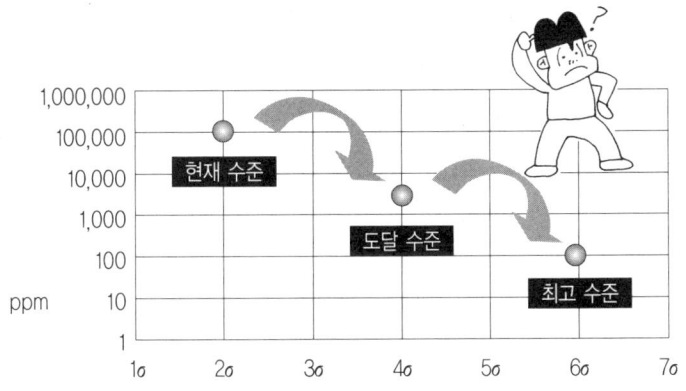

　　개선 목표를 잡을 때는 냉정해야 한다. 무턱대고 최고 수준으로 잡으면 달성하지 못하는 경우가 생겨 곤욕을 치를 수 있고, 너무 만만한 수준으로 잡으면 과제의 질이 떨어지게 된다.

　　따라서 이 과정에서의 오류는 목표를 너무 높게 잡거나 너무 낮게 잡는 2가지 형태가 기본이고, 이들 모두 고의건 타의

건 목표를 제멋대로 잡은 데서 출발한 것이다.

멋모르고 높게 정한 목표

창원전자에 근무하는 안 대리는 ○○ 부품의 조립 불량이 심각
하다는 사실을 알고 이를 해결하기로 했다. 과제 추진 절차에 따라 공정
능력을 구해 본 결과 2.5시그마였다.

"그래, 6시그마 과제라면 2배 이상은 개선해야지!"

안 대리는 목표를 5.0시그마로 정하고 과제를 추진하였다.

많이 개선하겠다는데 누가 말리겠는가? 하지만 산술적으로
몇 배 올리겠다고 정하는 건 바람직하지 않다. 안 대리가 만약
2.5시그마와 5.0시그마의 차이를 알고 있었다면 그렇듯 무리
하게 목표를 정하지는 않았을지 모른다.

구분	2.5시그마	5.0시그마
불량 발생 확률	15.8%	0.023%
DPMO	158,000	230
1만 개 중 불량 개수	1,580개	2.3개
100개 중 불량 개수	15.8개	산출 불가능

위 도표를 보면, 시그마 수준은 고작 2배이지만 불량 발생
확률은 687배라는 엄청난 차이가 발생한다는 사실을 알 수
있다.

6시그마가 불가능을 가능하게도 해준다는 측면에서 목표를 달성할 수도 있겠지만, 현실적으로 냉정하게 보면 근거 없이 정한 목표를 달성하지 못할 확률이 더 클 것이다.

개선의 여지를 포기한 목표 설정

창원은행 신촌 지점 김 대리는 부실 대출금 회수율을 높이기 위한 과제를 추진하고 있다. Baseline을 잡기 위해 최근 3개월간 회수율을 파악한 결과 30%로서, 1.0시그마 수준이었다.

과제로 등록하기는 했지만 부실 대출금 회수가 만만찮다는 사실을 잘 알고 있는 김 대리로서는 개선 목표 잡기가 과제 정하기보다 더 어려웠다.

"에라, 모르겠다. 회수율 60%선인 1.7시그마로 잡아야지."

김 대리는 아는 것이 병이었다. 상환 능력이 없는 사람에게 돈 달라고 하는 것 자체가 적성에 맞지 않았고, 0.6시그마 이상만 되면 GB 인증이 OK된다는 '품질 자격 인증 기준'도 잘 알고 있었다. 뿐만 아니라 누가 뭐라고 하면 개선 목표 설정시 고려 사항 중 하나인 '단기간에 달성 가능한 수준'으로 했다고 변명할 태세도 갖추고 있었다.

그런 김 대리가 굳이 목표를 높게 잡는 바보 짓을 하겠는가? 또한 작년에 목표를 날성하지 못했다는 뼈저린 상처가 남아 있는데.

김 대리만의 잘못이 아닌 것도 같지만, 어쨌든 개선 목표를 터무니없이 약하게 잡았다는 것만은 분명하다. 바로 옆 양곡 지점 오 대리를 보면 거의 80% 선을 유지하고 있지 않은가?

결국 김 대리는 현재보다 20% 더 개선할 여지가 있는데도 미리 포기한 셈이 된다.

과제를 분석해 보면 김 대리의 경우와 같은 사례가 의외로 많이 발견된다. 특히 '시그마 수준 향상'을 자격 인증 기준에 포함시키고 있는 회사는 이상할 만큼 그 기준을 좇아 목표를 잡는 과제가 많다. 아마도 제도의 굴레에 빠져 버린 진짜 오류가 아닐까 싶다.

휴, 다행이네.

멋모르고 목표를 잡았기에 망정이지, 의도
적으로 낮게 잡았더라면 오늘 도사님 지팡이
에 남아나지 못할 뻔했어. 빨리 고쳐야지….

그런데, 뭐 좋은 게 없을까?

당연히 있다. 목표가 지나치게 낮거나 높게 설정되지 않았
는지 타당성 검토를 할 수 있는 일반적인 원칙이 있다. 단, 계
수형에 적합하다.

- 현재 수준이 3시그마 미만일 때 → 90% 결함 개선
- 현재 수준이 3시그마 이상일 때 → 50% 결함 개선

이 원칙은 현재 공정이 관리 상태에 있는가의 여부를 따져
만들어진 것이다. 3시그마 미만일 경우에는 공정이 불안정하
다고 판단되므로 관리적 측면이나 기술적 측면에서 개선의 여
지가 많고, **Defect**의 90% 정도를 개선하게 되면 3시그마 이상
의 안정된 공정이 된다는 차원이다.

이런 점에서 원칙의 타당성은 충분히 인정된다. 하지만 과
제의 특성상 현실과의 괴리감이 있을 수 있으므로 무조건 적
용해서는 안 되며, 고객의 요구 수준을 정확히 알 수 없거나
최고 수준을 파악하기 힘들 때 적용해 봄직하다.

만약 현재 공정 능력이 1.0시그마라면 3.0시그마 이상을 목표로 잡아야 마땅하겠네요?

당연하지. 계속해서 불안한 삶을 산다는 것은 할 짓이 못 돼. 6시그마를 처음 도입하는 회사에게 '공정 안정화'를 먼저 요구하는 이유도 같은 맥락이지.

Q&A

앞에서 예로 들어 준 사례들 모두가 계수형인데, 계량형은 목표 설정할 때 오류가 없나요?

없을 리가 있나. 내가 들었던 예가 계수형일 뿐, 계량형도 똑같은 형태의 잘못을 범하고 있다고 보면 되느니라.

다만 계량형의 경우는 중심과 산포로 모든 것을 설명할 수 있고, 공정 규격을 관리하는 경우가 많아서 목표를 명확하게 정할 수 있다는 게 다른 점이지.

무슨 말씀을 하시는지 잘 모르겠는데요.
좀더 쉽게 설명해 주세요, 도사답게!

아이고, 죄송합니다. 김 GB님.
공정 능력 파악 과정에서 하도 잘 나서길래
다 알아듣는 줄 알았지요. 거기에 답이 있거든
요.

그거야 알지요. 평균이 목표에서 얼마나 벗
어나 있느냐, 그리고 산포가 얼마나 크냐에 따
라 공정 능력이 결정되는 것 말이죠?
하지만 그건 현재 수준을 말하는 거잖아요?

결국 또 멍청한 티를 내는구먼! 반대로 생각
하면 목표를 정할 수 있는 것을 경주마처럼 앞
만 보고 달리다니….
기본적인 예를 들어 줄 테니 잘 보아라.

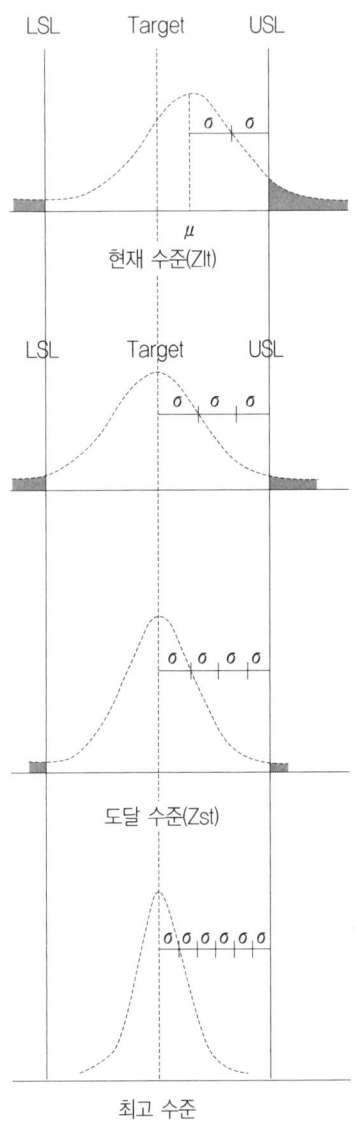

만약 현재 공정이 왼쪽과 같은 수준이라면 공정 평균이 USL 쪽으로 치우쳐 있고, 산포가 넓게 퍼져 있다는 사실을 알 수 있다.

이것을 보면 평균을 Target 쪽으로 이동시켜야겠다는 생각을 먼저 하게 될 것이다.
바로 이것이 1차적인 목표 설정 관점이다. 다음에는 무얼 하면 좋을까?

현재 투자된 상태에서 산포를 최대한 좁혀야 함을 금방 알 수 있다. 이것이 바로 2차적인 관점이다.

그런 다음, 최고 수준으로 좁힐 것인지 혹은 도달 가능한 수준(Zst)까지만 좁힐 것인지를 결정하면 개선 목표가 설정되는 것이다.

현재 공정 상태를 알면 개선 목표를 명확하게 설정할 수 있겠군요. 그런데 평균과 산포를 목표한 값으로 이동시켰을 때, 시그마 수준은 쉽게 알 수 있나요?

물론이지. 담당 **BB**에게 물어 보면 미니탭을 사용하여 간단하게 추적할 수 있는 방법을 알려 줄 거야.

그 대신 현재 상태에서 산포를 어느 수준까지 줄일 수 있을지는 과제 리더와 팀원이 결정해야 하겠지.

아무튼 계량형의 경우도 근거 없이 높게 정하거나, 터무니없이 낮게 정하여 개선의 여지를 포기하는 우를 범하지 않도록 해야 함을 명심하도록 해라.

만약에 Big Y나 CTQ Tree에 과제의 목표가 설정되어 있으면 어떻게 하지요?

오렌지 주스(60%)

오렌지

그렇다면 당연히 Big Y와 CTQ Tree를 따라야지. 이론보다 훨씬 현실석인 복표가 아니겠어?

뿐만 아니라 경영 목표에도

부합하고, 고객을 만족시켜 줄 수도 있으니까. 타당성 검토가 충분히 된 상태라면 말이지.

개선 목표 설정에서도 따져 보아야 할 것이 이렇게 많은 줄 몰랐어요!

도사님은 '대충' 이라는 건 용납 못하시니까 고민이 많고, 그래서 머리가 벗겨졌나 보죠? 혹시 도사님 과제 목표가 '머리카락 복원' 은 아닐까 하는 생각이….

예끼, 이놈! 아픈 데를 찌르다니….

아무튼 개선 목표를 정할 때는 항상 Smart 하게 한다는 생각으로 하고, 앞에서 살펴본 오류들을 절대 잊지 않도록 하여라.

✓ Specific ·················· 구체적?
✓ Measurable ·············· 정량적?
✓ Attainable ··············· 달성 가능?
✓ Relevant ················· 관련성?
✓ Time Bound ············· 명확한 추진 일정?

제 사전에 두 번 실수는 없으니 걱정 마세요! 그리고 도사님이 입이 아프도록 야단치시는 이유도 잘 아니까요. 6시그마란 실수를 줄이기 위한 것인데, 6시그마 과제가 도리어 실수가 많아서는 체면이 안 선다는 말씀….

측정 단계에서는 우리가 안고 있는 많은 문제 중에서 CTQ를 찾아 성과 기준을 정의하고, CTQ를 측정하는 데 문제는 없는지 신뢰성을 확인한 다음, 수집된 데이터로 현재 수준을 파악하면 과제를 통해 달성할 목표가 정해진다. 어느 것 하나 중요하지 않은 일이 없으며, 잘못되면 과제 전체에 심각한 영향을 미칠 수 있는 일련의 과정이다.

따라서 측정 단계에 더 많은 시간과 정열을 투자하도록 요구하는 것이며, 첫 단추를 잘못 꿰어 생기는 오류가 없도록 경계를 늦추지 않아야 한다. 특히 앞서 살펴본 오류들은 실전 과제에서 빈번하게 발견되는 유형이므로, 각 과정의 시점과 종점에서 반드시 확인해 보아야 한다.

김 GB는 출근하자마자 부장에게 불려 갔다. 오늘 아침 부서장 회의에서 김 GB의 과제가 구설수에 올라 잔뜩 화가 난 모양이었다.

"자네, 지금 놀고 있나? 직원들이 목 빠지게 기다리는 줄도 모르고 말이야. 측정 단계 마쳤다고 여유 부리지 말고, 내일 당장 분석 결과 보고해!"

김 GB는 머리가 지끈지끈 아파 왔다.

"큰일이네. 이제 막 시작하려던 참인데, 분석 결과를 보고하라니. 6시그마 과제답게 보이려면 통계 분석을 멋지게 해야 하는데. 나 원 참…."

6시그마 교육 때 '통계'를 잘 몰라 얼마나 고통을 받았는지, 김 GB는 지금도 '아노바 씨와 함께 콰이강의 다리'에 가는 꿈을 꾸곤 한다.

김 GB는 하루 종일 이것저것 통계 책을 뒤적거려 보지만, 분석을 어떻게 해야 할지 희뿌연 안개 속을 헤매는 기분일 뿐이다.

"도사니임――!"

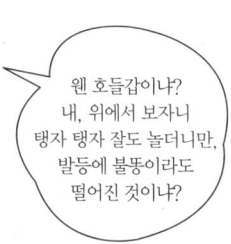

측정 단계를 끝냈다고 마냥 넋을 놓고 있다가는 큰일나지.

6시그마 과제는 장난이 아니라 지금도 결함이 계속 쏟아져 나오는 실전임을 명심해야지.

부장도 아마 네 놈의 게으름 때문에 화가 난 것일 게야.

내일 당장 분석 결과를 내놓을 수 없다는 것은 부장도 잘 알고 있을 테니 이렇게 해보는 것이 좋을 성싶구나.

• 과정별 추진 계획을 보고하라(일정, 적용 Tool, 할 일).

- Y에 대한 모니터링 실적을 보고하라(월 단위, 필요하다면 계속).
- 눈에 드러난 초기 문제점 및 이슈 사항을 보고하라(현 상태로의 악화 요인, 애로 사항, 챔피언 지원 사항).

이 정도는 기본적인 성의에 해당되니 즉각 시행하도록 하여라. 그렇게 하지 않으면 든든한 후원자를 화나게 만들 테니까.

 알겠습니다! 밤을 새워서라도 그렇게 할 테니 통계 분석을 쉽게 할 수 있는 방법 좀 가르쳐 주세요. 도사님만의 비법이 있잖아요.

착각하지 말거라. 난들 따로 비법이 있겠느냐? 단지 핵심 인자를 찾기 위해 적재적소에 활용할 따름이지.

오라, 이제 보니 네 머릿속에 들어 있는 '통계'라는 단어를 빼내지 않으면 엉망이 되겠구나!

당나라 혜능(대감선사)의 일화를 들려 줄 테니 그 뜻을 깊이 새겨 보도록 하여라.

『어떤 학자가 불경을 들고 와 혜능에게 물었다.

"이 부분을 이해할 수가 없습니다. 가르침을 주십시오."

혜능은 문자를 모르는 나무꾼 출신이었다.

"나는 글자를 모르니 자네가 그 부분을 읽어 보게. 그럼 내가 가르쳐 주겠네."

학자는 어이가 없다는 표정으로 물었다.

"아니, 글자도 읽을 줄 모르면서 그 뜻은 어찌 아신단 말씀입니까?"

선사는 추운 하늘에 뜬 달을 가리키면서 조용히 말했다.

"달을 가리키는데 손가락은 왜 보누….".』

달을 보아라?! 역시 도사님다운 말씀입니다.

통계 분석은 하지 않아도 좋으니 핵심 인자만 잘 찾으라는 뜻이지요? 괜히 걱정했네요.

통계의 늪

그렇다고 무조건 통계 분석을 하지 말라는 것은 아니다. 자칫 방심하다가는 핵심 인자를 보지 못하고 통계의 늪에 빠져 허우적거리게 되는데, 이 점을 경계하라는 뜻이니라.

사실 통계 분석만큼 명확하게 핵심 인자를 제시해 주는 것도 드물다. 그래서 6시그마 활동에서 없어서는 안 될 중요한 수단으로 여겨 많은 시간을 할애하여 배우는 것이다. 그 덕에 훨씬 합리적인 개선도 가능하지 않던가!

다시 말하면, 통계 분석이 어렵다는 이유로 6시그마 과제가 어렵다는 핑계를 대지 말며, 목적과 수단을 혼동하지 말며, 오직 핵심 인자를 찾기 위해 이를 어떻게 활용할 것인지 실용적인 고민을 하라는 것이다.

이 모든 것은 분석 단계의 의미를 잘 꿰고 있어야만 가능하다.

분석(Analysis) 단계란?

CTQ에 영향을 미치고 있는 모든 잠재 인자를 찾아내고, 그중에서 핵심 인자를 골라내는 과정을 말한다. 즉, 쪼개고 좁히는 과정이다.

그러나 쉽게 쪼개고 좁혀지는 것이 아니기에 많은 기법들을 활용하게 된다. 좀더 자세히 알아보자.

● **쪼개는 과정(잠재 인자 도출)**

쪼갠다는 말의 의미를 잘 이해하지 못한 사람들은 이 과정을 가볍게 생각해 핵심 인자 찾기에만 집착하기 쉽다.

그러나 잠재 인자 중 어떤 것이 핵심 인자의 반열에 오를지 알 수 없다면 결코 가볍게 여길 수 없다.

따라서 쪼개는 과정을 분석 단계의 승패를 결정짓는 중요한 기초 작업으로 보는 것이며, 여기에 '정열'과 '노력'이 요구되는 것이다.

양파의 속살을 끝까지 벗겨 본 적이 있는가? 만약 없다면 지금 당장 시도해 보라. 그것도 땡글땡글하고 잘생긴 토종으로 골라서 말이다. 그 과정에서 경험하게 되는 고통이 바로 '쪼개는 과정'의 고통과 비교될 수 있다.

특히 닭 똥 같은 눈물을 흘리면서도 포기하지 않고 한 겹 한 겹 양파를 까고 있는 어린아이의 순진한 모습, 이것이 바로 잠재 인자를 찾는 과정이라 할 수 있다.

● **좁히는 과정**(핵심 인자 선정)

쪼개는 과정에서 찾아낸 많은 잠재 인자 중에서 중요한 몇 몇 인자를 골라내는 과정이다. '합리적인 평가와 통계적 기술'이 필요한데, 여기에 FMEA, 가설 검정, DOE(실험 계획) 등 어렵다고들 말하는 다양한 통계적 Tool들이 등장한다.

좁히는 과정은 또한 '브레인스토밍으로 평가'하는 과정과 '통계 분석으로 검정'하는 두 과정으로 나누어진다.

• 브레인스토밍으로 평가하는 과정이란?

　　잠재 인자를 대상으로 '지식과 경험'을 불어넣어 위험 비중이 큰 몇 개의 중요한 요인으로 좁히는 것을 말한다.

　　많은 기법들이 활용되지만, 제조·사무 부문의 구분 없이 단골로 사용되는 분석 기법이 FMEA(Failure Mode Effect Analysis: 고장 유형 영향 분석)이다.

• 통계 분석으로 검정하는 과정이란?

　　'지식과 경험으로 선정한 주요 인자들을 그대로 핵심 인자라고 말해도 될까?'라는 의문에서 출발한다.

　　따지고 보면 브레인스토밍으로 정한 핵심 인자는 믿지 못할 구석이 많다. 다수의 사람이 잘못된 주장을 할 경우 소수의 사람은 손을 들 수밖에 없으며, 목소리 큰 사람이 이긴다는 말도 있지 않던가?

　　그러나 가설 검정, 실험 계획과 같은 통계 분석 결과를 보여 주면 모든 사람이 똑같이 핵심 인자가 맞다고 고개를 끄덕일 수 있다.

분석 단계의 개념을 정리하면 다음과 같은 그림으로 나타낼 수 있다.

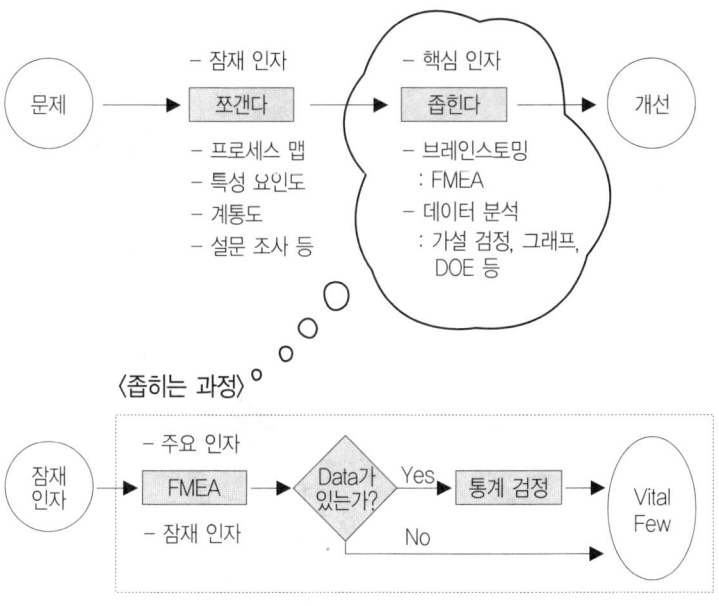

잠재 인자 파악

개선 목표를 달성하기 위해서는 CTQ에 영향을 미치는 원인을 모두 찾아내는 것이 관건이다.

왜냐하면 Y=f(X) 함수식이 100% 성립한다고 할 때, 원인을 절반만 찾아낸다는 것은 Y를 50%만 해결하겠다는 것과 같은 뜻이기 때문이다. 그러므로 과제의 성공은 여기에서부터 출발한다고 해도 과언은 아닐 것이다.

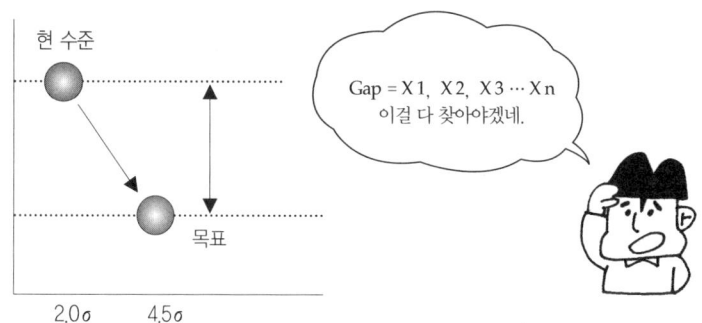

특히 헤비급 X인자 중 하나를 놓친다면 아무리 열심히 개선을 해도 목표를 달성하지 못하게 된다.

그러므로 잠재 인자 파악 과정에서 범할 수 있는 최대의 오류는 '대충 찾는 것'이 되고, 특성 요인도, 프로세스 맵과 같은 기법들을 잘못 사용하는 경우가 나머지 작은 오류가 된다.

아무튼 한 송이 국화를 피우기 위해 열정과 노력을 다해 울어대는 소쩍새가 되어야 함을 잊지 말자.

창원항공 고객지원팀에 근무하는 차 대리는 '항공기 출발 지연 시간'을 줄이기 위해, 바쁘다고 아우성치는 팀원들을 겨우 모아 특성 요인을 분석하였다. 출발 지연의 요인을 사람, 설비, 재료, 방법 등 4개의 큰 범주로 나누어 분석하고, 14개의 잠재 인자를 도출하였다.

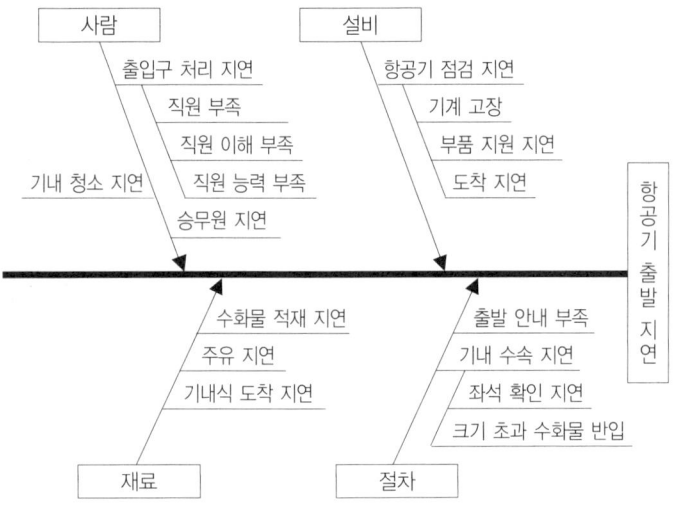

차 대리는 잠재 인자 중에서 '직원 능력 부족', '수화물 적재 지연', '출발 안내 부족'을 핵심 인자로 정해 프로세스를 개선했지만, CTQ를 목표한 수준으로 당기지 못했다. 열심히 했는데 왜 그럴까?

나중에 알게 된 사실이지만, 지각한 승객을 보호해야 한다는 욕구와 회사 수입의 증대 욕구로 인해 늦게 도착한 승객을 기다리도록 하는 '모호한 회사 정책'이 가장 큰 문제였다. 지각한 승객을 기다리는 시간만큼 출발 지연 시간이 개선되지 않았던 것이다.

● 특성요인도(Fishbone Diagram)

특성(결과)에 어떠한 요인(원인)이 있고, 서로 어떻게 연관되어 있는지 한눈에 알 수 있도록 물고기 뼈 모양으로 나타낸 기법이다. 잠재 인자 도출 과정에서 프로세스 맵과 함께 많이 활용된다.

그러나 다음과 같은 실수가 항상 따라다님을 명심해야 한다.

- 관련이 없는 요인을 리스트하거나, 중요한 요인을 지나쳐 버리기 쉽다.
- 특정한 범주에 편중되어 근본 원인을 찾지 못할 수 있다.
- 대책을 먼저 생각하여 거꾸로 작성하는 경향이 강하다.

보통 사무 부문의 과제는 우선 특성요인도로 잠재 인자를 찾고, FMEA로 핵심 인자를 선정한 후 개선하는 절차를 많이 따른다.

그런데 잠재 인자를 첫 대면하는 특성요인도에서 그 명함을 내밀지 못한다면 어떻게 되겠는가? 전원 코드가 빠져 있는 줄도 모르고, 컴퓨터 부팅이 되지 않는다고 컴퓨터를 완전히 분해히는 꼴과 같을 것이다.

그래서 잠재 인자를 발굴할 때는 여러 형태의 범주로 분석해야 한다.

- 5M+1E: Man, Machine, Method, Material, Measure, Environment
- 5P: People, Policy, Process, Price, Place

혼자만의 생각으로!

특수제어정비팀의 안 과장은 자동화 제어 시스템의 고장을 예방하기 위해 고장 원인을 분석하기로 했다. 시스템을 손바닥 보듯 잘 알고 있던 터라 과거에 발생했던 고장 원인을 참고로 하여 단 한 시간 만에 특성요인도와 프로세스 맵을 뚝딱 해치웠다. 그것도 혼자서.

"식은 죽 먹기네. 누가 잠재 인자 파악이 어렵다고 한 거야?"

그렇다. 과제 리더가 대상 설비나 공정에 대해 잘 알고 있을 경우에는 땅 짚고 헤엄치는 것과 다를 바 없을 것이다. 특히 전기, 기계와 같은 전문 기술 분야에 종사하는 사람이 그 분야의 원인을 도출해 낼 경우에는 더욱 그렇다.

왜냐하면 그 분야에 대해 잘 모르는 다른 사람들이 잘 찾았느니 못 찾았느니 하며 왈가왈부하지 않기 때문이다. 그래서 자신만의 지식과 경험으로 원인을 찾고 결론을 내리기 일쑤이다. 안 과장 역시 마찬가지였다.

만약 일상적이지 않은 의외의 경우, 또는 엉뚱한 곳에 핵심 인자가 숨어 있다면 전문가의 편견에 젖어 있는 안 과장이 혼자의 힘으로 그것을 쉽게 찾아낼 수 있을까? 아마도 어려울 것이다.

그래서 6시그마에서는 다양한 정보와 아이디어를 얻기 위해 추진 팀을 구성하도록 하고, 팀원간의 브레인스토밍을 강조하고 있다.

아무튼 잠재 인자 파악에서는 Output (CTQ)에 영향을 미치는 모든 Input(X′ s)을 찾아내는 것이 핵심이라는 것을 다시 한번 강조하는 바이다.

$Y= F(X 1, X 2, X 3 \cdots)$에서 Y는 X인자에 의해 결정된다. 따라서 프로세스의 근본적인 개선을 위해서는 Y만을 강조해 오던 관점에서

Input 인자 쪽으로 관심을 돌려야 한다. 그래야만 개선과 관리의 대상을 구체적으로 알 수 있고, 전체의 최적화가 가능해진다.

또한 잠재 인자 파악 과정에서 찾아낸 X인자들은 CTQ에 대한 모든 기록이기도 하다. 1차 과제에서 개선을 시도한 결과 최고 수준을 달성하지 못했다면 2차, 3차 개선을 계속 시도할 수밖에 없다.

이때 미리 잘 파악된 X인자들이 줄줄이 대기하고 있다면 처음부터 새로 시작하는 불필요한 손실을 막을 수 있지 않을까?

그래서 어떤 사람은 핵심 인자보다도 잠재 인자가 더 예뻐 보인다고 말하는데, 아마 CTQ의 역사를 알게 해주기 때문일 것이다.

도사님, 아까부터 '프로세스'라는 말씀을 자주 하시던데, 그게 어떤 의미인가요?

상당히 심오한 질문을 하는군!

사실 6시그마를 하는 사람은 프로세스에 대한 이해가 우선되어야 함에도 불구하고 그저 개념만 알고 있는 정도에서 시작하지.

간단하게는 '제품 또는 서비스를 생산하는 공정(업무)'을 의미하고, 복잡하게는 '입력을 출력으로 변환시키는 데 상호 관련되거나 상호 작용하는 활동의 집합'이라고 할 수 있단다.

6시그마 관점에서 볼 때는 복잡한 개념이 더 맞겠네요.

특히 잠재 인자를 찾기 위해서는 프로세스 안팎에서 벌어지는 모든 일들을 다 고려해야 하니까요.

옳은 말이다. '가정의 행복 지수'를 높이기 위한 과제를 한다고 했을 때, '집'과 '집안일' 중에서 어떤 것을 개선해야 할지 생각해 보면 쉽게 알 수 있지.

단순히 집을 쓸고 닦는 것보다는 가족 모두의 건강, 가계 재정, 부부 관계, 아이들 학교 성적, 심지어는 사돈 팔촌과의 관계까지 고려해 봐야 할 거야.

그러므로 '집안일'을 좋게 하는 쪽이 '프로세스 개선'과 훨씬 어울리지 않을까?

그렇다면 '프로세스 맵'이라는 것도 단순히 공정 순서만 나열한 것이 아니라, 그 속에 많은 정보가 들어 있겠네요?

당연하지. 서울에서 부산까지 열차를 타고 내려올 때 단순히 천안, 대전, 대구 역을 스쳐 지나온다면 무슨 재미가 있겠느냐?

천안에서는 아들에게 줄 호두과자를 사고, 대전 역에서는 잠시 내려 우동 한 그릇을 해치우는 재미가 그야말로 쏠쏠한 것을.

이와 같이 각 프로세스에서 벌어지는 모든 일을 현재 있는 그대로 그려 보고 정보를 캐내는 것이 Process Mapping이란다.

● 프로세스 맵(Process Map)

공정 또는 업무의 흐름을 나열한 그림으로, 각 단위 공정 및 전체 공정에서의 Input(원인)과 Output(결과)을 밝히는 기법이다.

또한 Cycle time, DPU, 전·후 공정의 관계(Rework, Review 등), 데이터 측정 점, 관련 표준 등 상호 관련되고 작용하는 모든 정보를 읽을 수 있다. 잠재 인자 파악에도 매우 유용하다.

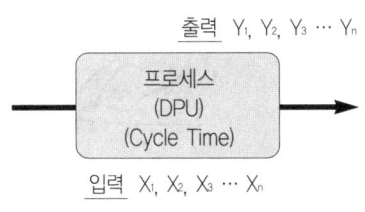

 Process Map 작성시 유의 사항

- 팀원과 함께 작성한다(Brain storming, Brain Writing).
- 실제로 수행되고 있는 프로세스를 그대로 그린다.
- 프로세스를 정의하고 실행하며 변화시킬 수 있는 사람들이 참여한다(작업자, 감독자).
- 한 번에 끝내려고 애쓰지 않는다. 프로세스 맵은 결코 완벽할 수 없다(살아 있는 문서).
- 프로세스가 너무 복잡한 경우, 주요 공정에 대해 세부적인 프로세스 맵을 작성한다.

잠재 인자 파악이 중요한 이유는 핵심 인자를 놓치지 않도록 하고, 원인과 결과의 관계를 낱낱이 기록하기 위함이다.

제7과정. 치명적인 소수의 원인 골라내기 **핵심 인자 선정**

핵심 인자 선정

많은 잠재 인자를 모두 다 개선하기란 시간, 돈, 노력, 기술 등 여러 가지 측면에서 제약이 많다.

그러므로 한정된 자원과 인력으로 효과적인 개선을 하기 위해서는 중요한 몇 개의 인자를 골라내는 것이 무엇보다도 중요하다.

핵심 인자를 골라내는 일반적인 절차는 아래 그림을 살펴보면 이해할 수 있을 것이다.

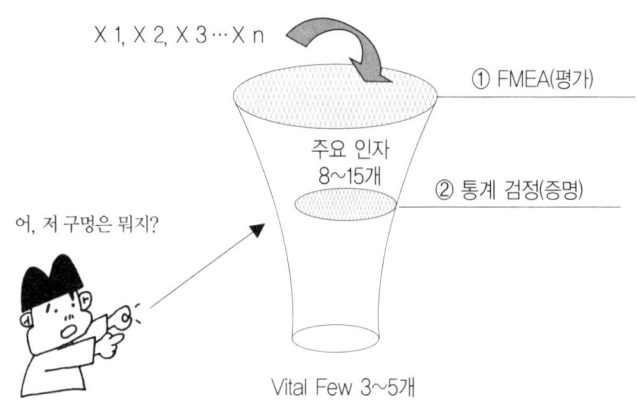

먼저 통제 가능한 잠재 인자를 대상으로 **FMEA**를 활용하여 주요 인자 몇 개로 좁힌다. 다른 평가 기법을 활용할 수도 있지만, 현재 가장 많이 쓰이는 것이 **FMEA**이다.

그 다음에는 통계 분석이 가능한 인자를 대상으로 통계 검

증을 실시하여 '심증'을 '물증'으로 바꾸어 준다. 이때 주의
해야 할 것이 있다.

통계 검정 과정에서의 주의 사항

- 통계 분석의 현란함에 속지 마라.
  - → 복잡한 수치들과 멋진 그래프는 우리가 측정한 데이터
    의 결과일 뿐이다. 데이터가 엉터리면 하지 않으니만
    못한 것이다.
- 통계 검정이 전부인 양 착각하지 마라.
  - → 즉, 통계 분석이 되지 않는 X인자 중에도 핵심 인자가
    있음을 명심하자. 원래 눈에 보이지 않고 손에 잡히지
    않는 것 중에 가치 있는 것들이 많은 법이다.
- 그러나 가장 확실한 방법은 잘 수집된 투명한 데이터로 보
  여 주는 통계 분석 결과임을 잊지 말자.

핵심 인자 선정 과정에서 범할 수 있는 중
요한 오류를 정리하면 다음과 같다.

✓ 대충 감으로 잡은 핵심 인자
✓ 데이터가 없는 X인자를 버린 경우
✓ 통계를 맹신하여 판단을 잘못한 경우
✓ 분석 기법을 잘못 적용한 경우

대충 감으로 잡은 핵심 인자

창원전자 수출팀에 근무하는 김 과장은 '유럽향 전자레인지 수주 저조' 문제를 해결하고자 서울 사무소 팀원과 함께 잠재 인자를 빠짐없이 도출하였다. 내침 김에 Dot Voting으로 '중국 저가 제품 대비 가격 경쟁력 열세', '제품 인지도 부족'을 핵심 인자로 선정하였다.

그런데 며칠 후 챔피언 Review 회의에서 눈물이 나도록 야단을 맞고 말았다.

챔피언 박 상무의 지적은 칼날처럼 예리했다.

첫째, 유럽 사람들은 기호에 맞으면 상품을 구입하는 스타일이므로 가격은 크게 개의하지 않는다.
둘째, 제품 인지도 또한 한일 월드컵의 성공적인 개최로 급상승한 상태이다.

그리고 덧붙여서, 유럽 각 나라마다 사람들의 구매 관점이 서로 다른데, 프랑스는 '디자인', 독일은 '실용성', 영국은 '다양한 기능'을 가장 선호한다고 일러 주었다.

김 과장은 결국 탁상공론을 한 셈이 되었군요. 만약 유럽 현지 시장을 잘 아는 챔피언이 없었다면 엉뚱한 데에 자원을 낭비할 뻔했네요.

그렇지. '중국 저가 제품 대비 가격 경쟁력 열세', '제품 인지도 부족'이라는 것은 일반인들도 알고 있는 상식이야. 유럽 근처에도 못 가 본 팀원들의 결론 역시 일반 상식 수준일 수밖에 없고.

김 GB라면 어떻게 하겠어?

2가지 측면을 고려할 것 같습니다. 먼저, 유럽 지사의 직원을 팀원으로 참여시키겠습니다. 인터넷상에서 충분히 가능하거든요. 다음은 챔피언의 조언에서 얻은 힌트인데, 각 국가별로 '층별'하여 분석하고, 핵심 인자를 다시 정하겠습니다.

그래, 바로 그거다! 이 도사가 더 이상 할 말이 없구나.

네 과제도 '눈 가리고 아웅' 하는 일이 없도록 잘 따져 보아라.

● 챔피언 Review 회의란?

6시그마 과제의 대부인 챔피언(임원, 부서장)과 팀원, 관련자가 참석하는 정기 회합을 말한다. 이때 이루어져야 할 일들은 다음과 같다.

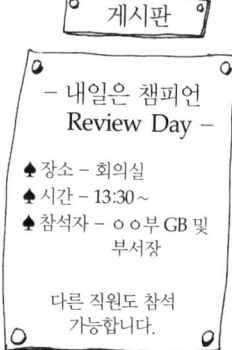

- Update된 과제 진행 자료
- 추진 내용에 대한 면밀한 조사 및 경청
- 장애 요인, 애로 사항에 대한 검토 및 약속
- 공통 문제 해결
- 저조한 팀 활동을 위한 지도
- 진척도 체크
- 격려

데이터 없는 X인자를 버리다

강 대리는 아내가 운영하는 분식점의 '떡볶이 맛'을 좋게 하기 위해 특성요인도로 잠재 인자를 무려 20개나 도출하였다. 야채의 신선도, 청결도, 양념 배합비, 조리 시간, 물의 양, 친절도….

통계적으로 핵심 인자를 결정짓겠다고 마음먹은 강 대리는 데이터 수집이 용이한 '조리 시간'과 '물의 양' 두 인자를 대상으로 실험을 실시하고, 영향이 있다고 나타난 조리 시간과 물의 양을 핵심 인자로 확정하였다. 그러나….

"선무당이 사람 잡는다고 하더니만, 꼭 당신을 두고 하는 말 같군요."

강 대리는 아내에게 핀잔만 듣고 말았다.

실험 결과가 양념이 되어 '조리 시간과 물의 양'만 잘 조절해도 지금보다 맛있는 떡볶이가 될 수도 있었지만, 떡볶이 전문점의 우수한 맛을 따라잡기에는 2개 인자만으로는 역부족이었던 모양이다.

이와 같이 오로지 통계 분석만 생각한 나머지 데이터가 없거나 측정이 어려운 나머지 X인자를 핵심 인자 후보의 반열에서 아예 제외시켜 버린 오류들이 종종 발견되고 있다.

강 대리가 떡볶이 맛을 제대로 개선하기 위해서는 데이터가 없는 18개 인자를 포함하여 잠재 인자 전체를 평가해 보는 과정을 거쳤어야 했다. 이때 주로 FMEA가 활용된다.

● FMEA(Failure Mode Effect Analysis; 고장 유형 영향 분석)

공정 또는 업무의 고장 유형을 파악하고, 그 결과 나타날 수 있는 영향과 원인을 조사, 평가하여 우선순위를 정함은 물론 적절한 대책을 세우는 기법이다.

분석 단계에서 활용할 때는 특성요인도, Process Map에서 찾은 잠재 인자가 FMEA의 잠재 고장 유형으로 연결되는 경우가 많다.

■기본 구조

고장 유형 영향 분석(FMEA)											
업무(공정): 팀원:								작성 일자: 수정 일자:			
공정 기능	잠재 고장 유형	잠재 고장 영향	심각성	잠재 고장 원인	발생성	현제 통제 방법	탐지성	위험도	위험 순위	조치 계획	담당/ 예정 일자

■FMEA가 주는 정보

- 순차적인 원인(X)과 결과(Y)의 관계를 알게 해준다.
- 합리적인 평가로 위험 순위를 결정한다(핵심 인자 선정).
  심각성×발생성×탐지성=위험도
- 사전 예방 및 관리 방법을 제시한다.
  고장 유형에 대한 위험도를 끊임없이 하향 관리하는 위험 관리 활동이다.

강 대리의 떡볶이 사례에서 고장 유형 영향 분석을 해보자.

					고장 유형 영향 분석(FMEA)					
업무(공정): 떡볶이 맛 팀원: 강 대리, 아내, 이배달								작성 일자: 2002. 09. 20 수정 일자: 2002. 10. 20		
잠재 고장 유형	잠재 고장 영향	심각성	잠재 고장 원인	발생성	현제 통제 방법	탐지성	위험도	위험 순위	조치 계획	담당/ 조치 일자
야채 신선도 떨어진다	국물이 맛없다	9	냉장 보관 유지 불안정	9	냉장고 고장	3	243	2	보관 방법 변경	강 대리/ 10. 10
양념 배합 맞지 않음	재현성 확보 안 됨	9	고추장 조절 어려움	9	통제 안 함	4	324	1	최적 조건 설정	아내/ 10. 15
조리 시간 길다	양념이 탄다	9	표준 시간 없음	7	없음	3	189	4	시간 설정	아내/ 10. 20
물의 양 맞지 않음	싱겁다	7	계량컵 없음	8	없음	4	224	3	계량컵 구입	아내/ 10. 10
인사 불량	불쾌함	3	종업원 교육 미흡	9	수시 교육	5	135	5	재교육	강 대리/ 10. 5
####	####	#	####	#	####	#	##	#	####	####

어? 강 대리하고는 영 딴판이네.
양념 배합과 야채 신선도가 오히려 핵심 인
자잖아?

강 대리의 **FMEA**를 보면 통계 분석만
으로 핵심 인자를 정하는 것이 얼마나
위험한 것인지 알 수 있을 것이다. 그래
서 브레인스토밍으로 평가하는 과정을

거치도록 하는 것이란다. 지금 당장 데
이터가 없다고 홀대받는 X인자들을 구
제하기 위해서 말이다.

도사님은 구름을 타고 다니
시면서도 발은 항상 땅을 짚고
있는 것 같아요. 현실을 무시
하지 않는 상태에서 핵심을 콱
콱 찔러 주시니 말이에요.

으, 시원해….

쑥스럽게…. 제법 철학적
인 말을 하는군.
다시 한번 강조하지만, 6
시그마 분석 단계에서는 항
상 현실적인 감각을 유지하
면서 과학적이고 통계적인 방법으로 정리하도록 하여라.

그래도 데이터 없이 얻은
결론은 못 믿겠어.
뭐 좋은 거 없을까?

과학적이고 통계적인
정리란 무엇일까?
가설 검정을 말하는 건가?

자동차 정밀 부품 조립 공정에 근무하는 박 반장은 조립 불량을 유발하는 핵심 원인을 찾기 위해 가설 검정으로 통계적 결론을 내리려고 한다.

박 반장은 핵심 인자라고 주목한 Xa, Xb, Xc 인자를 대상으로 유의 수준 1%에서 검정을 실시하였다.

「Xa P값: 0.005, Xb P값: 0.051, Xc P값: 0.012」

"됐어. 핵심 인자는 역시 Xa뿐이야!"

과연 그럴까? 결론부터 말하자면, Xc 인자도 핵심 인자가 될 수 있다.

통계적인 판단 기준을 유의 수준 1%로 잡았다고 하여 P값이 0.01보다 큰 인자를 아무런 검토 없이 잘라 버리는 것은 통계 이론의 맹목적인 추종임을 알아야 한다.

사실 우연 원인에 의한 변동이 항상 존재하는 공정에서 0.002 정도의 차이는 언제나 있을 수 있지 않은가?

더군다나 유의 수준을 5%로 하여 검정했다면 Xc 인자는 P값이 0.05보다 작으므로 당당하게 핵심 인자가 된다.

그리고 Xb 인자도 덩달아 이렇게 말할 것이다. "나도 핵심 인자가 될 수 있다!"라고.

드디어 그 어렵다는 '가설 검정'을 말할 때가 되었다.

미리 일러 두지만, 한꺼번에 너무 많은 것을 알려고 하지 마라. 아무리 머리가 좋은 사람이라도 직접 체험해 보지 않으면 잘 이해하지 못한다.

그러므로 항상 책을 옆에 두고 필요할 때마다 찾아보기를 권하며, 개선 전문가인 BB들을 활용하기 바란다.

가설 검정이란 무엇일까? TV 광고에 흔히 나오는 선전들을 한번 생각해 보자.

"○○제약 회사에서 새로 개발한 진통제는 효과가 뛰어납니다.", "XX 공법으로 만든 우유는 기존의 우유보다 영양가가 높습니다." 등과 같은 선전이나 주장에 대해 관심을 가져 본 적이 있는가?

대부분의 사람들이 의문은 있지만 확인할 길도 없고, 입증할 방법도 몰라 믿고 구입할 수 밖에 없었을 것이다.

이와 같이 의문을 갖게 하는 어떠한 주장이나 새로운 사실을 통계적으로 입증하는 것을 '가설 검정'이라고 한다. 그렇다면 '가설'은 무엇일까?

역사는 정설과 가설로 나눌 수 있다. 정설은 역사적으로 인정되어 온 주장을 말하고, 가설은 이를 뒤엎을 새로운 주장을 말한다. 통계에도 2개의 가설이 존재한다.

- 귀무 가설(H 0):
  기존의 주장→ '차이 또는 관계가 없다' 는 가설
- 대립 가설(H 1):
  새로운 주장→ '차이 또는 관계가 있다' 는 가설

따라서 가설 검정을 통해 통계적으로 판단한다는 것은 2가지의 주장(가설) 중 어느 쪽 주장이 옳은지 손을 들어 주는 역할을 의미한다. 그리고 그 옳고 그름을 판단하는 잣대가 'P값'이다.

● 유의 수준과 P-Value

신이 아닌 이상 어떠한 판정이건 오류의 가능성은 존재하기 마련이다. 표본에 기초한 가설 검정에서도 마찬가지이다. 그래서 어느 정도가 되면 인정하겠다는 '허용 기준'이 필요하고, 그 기준에 따라 가설의 채택이나 기각을 결정하게 된다.

이렇듯 어느 정도 오류를 허용할 확률을 '유의 수준(α)'이라고 하는데, 통상 0.05(5%)를 적용한다.

– 판정의 오류
  1종 오류(α): 진실이 참인데 거짓으로 판단한 오류
    '무죄인데 유죄로 판단하여 구속'
  2종 오류(β): 진실이 거짓인데 참으로 판단한 오류
    '유죄인데 무죄로 판단하여 석방'

인간 존중의 차원에서 볼 때, 2가지 오류 중에서 죄 없는 사람을 죄인으로 구속하는 1종 오류(α)를 더 심각한 잘못으로 본다.

이런 측면에서 1종 오류, 즉 참임에도 불구하고 거짓이라고 결론을 내리고자 할 때 잘못 판단할 확률을 'P값'이라고 한다. 그리고 P값이 유의 수준 0.05보다 크면 '귀무 가설 승리', P값이 0.05보다 작으면 '대립 가설 승리'라고 판정하게 되는 것이다.

이처럼 가설 검정에서 'P값'은 심증을 물증으로 바꾸는 결정적인 잣대로 작용하므로, 검정 후에는 P값을 먼저 살피는 습관을 가져야 한다.

P값으로 결정한다는 말씀이죠?

그렇다면 P값이 0.01보다 큰 Xb와 Xc 인자를 제외시킨 박 반장의 결정도 옳은 것이 아닌가요?

아직도 본질을 바로 보지 못하는군. 네 말대로 통계적인 기준에서는 아무런 문제가 없다.

하지만 박 반장이 최종적으로 결정하려는 것은 'P값'이 아니라 '핵심 인자'라는 사실을 놓치지 말아야지. 즉, P값은 통계적인 판단일 뿐이고, 현실적인 결론은 핵심 인자임을 잊지 말아야 한다는 얘기이니라.

핵심 인자

P값

가설 검정 외에도 여러 가지 통계 분석 기법들이 있다고 알고 있습니다. 그래서 데이터가 있더라도 막상 달려들고 나면 어떤 기법을 어떻게 적용해야 할지 막막합니다.

생텍쥐페리의 「어린왕자」에서 여우가 '모든 것은 길들이기 나름' 이라고 말했지.

마찬가지로, 통계 분석도 업무 속에서 직접 체험하고 체질화하는 것이 가장 좋은 방법이란다. 하지만 기회가 많지 않는 사람에게는 필요할 때 찾아볼 수 있도록 잘 정리된 대비표가 있으면 좋겠지? 아래 대비표를 항상 비치해 두고 써먹도록 하여라.

		계량형 데이터	계수형 데이터
원 인 인 자 (X)	계 량 형	산점도(Scatter Plot) 상관 분석(Correlation) 회귀 분석(Regression)	
	계 수 형	상자 그림(Box Plot) 다변량 차트(Multi-Vari) 분산 검정(F-test) 평균 검정(T-test) 분산 분석(ANOVA)	카이제곱(Chi-square)

 통계 분석의 3가지 유형

- 가시적인 판단을 위해: 상자 그림, 다변량 차트가 주로 쓰인다.
- 심증을 물증으로 증명하기 위해: 평균 검정, 분산 검정, 분산 분석, 카이제곱 검정 등을 실시한다.
- 원인과 결과의 정도 파악을 위해: 상관·회귀 분석을 통해 알아본다.

 처음 과제를 추진할 때는 멋모르고 했었지만, 두 번째 과제는 제대로 한번 해보고 싶습니다.

그중에서도 특히 분석 단계에서 통계적인 접근을 많이 해야겠다는 생각이 절로 드네요.

 그런 생각을 다 하다니, 기특하구나.

처음이라 얼렁뚱땅 해치우는 경우는 용서할

수 있지만, 두 번째마저 대충 하도록 내버려 둔다면 6시그마 활동 자체가 심각한 매너리즘에 빠지게 되지.

아무튼 이 세상에 측정되지 않는 것은 아무것도 없으니 과학적이고 통계적인 접근을 많이 해보도록 하여라.

이제 핵심 인자를 찾았으니 분석 단계가 완전히 끝난 것인가요?

중간 정리를 해보자.

분석 단계가 끝나면 Y(CTQ)와 X인자에 대한 관계가 거의 드러나는 법이다. 그러니 이제는 실제로 핵심 인자를 좋게 하여 CTQ를 목표한 만큼 개선하고 계속 유지하는 일만 남아 있는 것이다.

그러나 여러 가지 현실적인 문제와 부딪히게 되고, 갖가지 장애 요인에 발목을 잡히는 일이 벌어지기 시작할 게다.

따라서 분석 단계를 마친 시점에서 과제에 대한 중간 검토를 하게 되는데, 대개의 경우 핵심 인자가 정해지면 앞으로 해야 할 일이 무엇인지 어렴풋이 보이기 때문이다. 이것을 '경제성 검토'라고 한다.

'경제성 검토'는 핵심 인자를 개선하면 목표 달성이 가능한지를 따져 보고, 또한 과제를 계속 진행할 만한 가치가 있는지, 아니면 보류, 인계, 포기해야 할지를 결정하는 것이다.

 물론 챔피언을 포함한 모든 이해 관계자들이 결정해야 할 사항이지만, 과제 리더는 지금까지의 과제 추진 내용과 관련 자료를 꼼꼼히 챙겨 제공해 주어야 한다. 이것을 마쳐야 비로소 분석 단계가 끝나는 것이다.

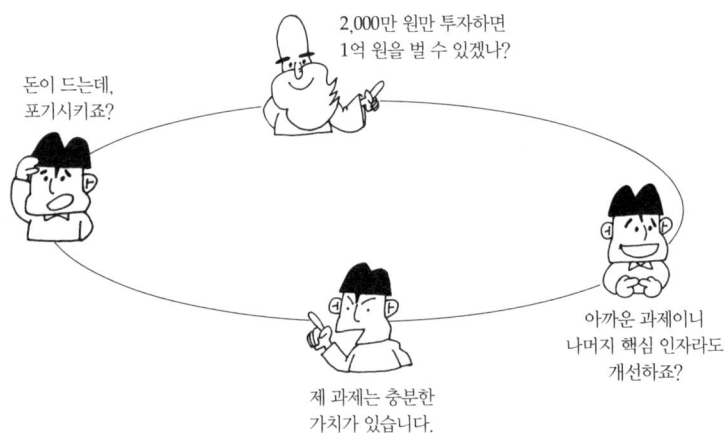

개선안 도출이란?

핵심 인자를 개선하기 위해 모든 방법을 찾아내고, 그중에서 가장 적합한 방법 또는 최적 조건을 선별하는 과정이다.

그러나 '바로 이것'이라고 자신 있게 말할 수 있는 개선안을 찾는 것이 쉽지 않기 때문에 여러 사람의 아이디어와 과학적이고 통계적인 접근이 필요한 것이다.

합리적인 개선안을 도출하는 2가지 방법	
브레인스토밍에 의한 방법	실험에 의한 방법
• FMEA 등 브레인스토밍으로 확실한 개선안이 수립될 때 • 비용/시간 및 과제의 특성상 실험이 어려울 때 • 벤치마킹을 병행한 효율적인 개선안 도출이 가능할 때	• 문제의 근본 원인을 찾을 수 없으며, 많은 잠재 요인들이 특성치(Y)에 영향을 줄 때 • Y=F(X) 함수 관계를 명확히 알고 싶을 때 • 진일보된 개선이 요구될 때
• 장점: 시간과 비용 절감 및 다양한 개선안이 도출된다. • 단점: 도출된 개선안이 최적안이 아닐 수도 있다.	• 장점: 실험적 논리에 근거하므로 개선이 실패할 가능성이 적다. • 단점: 시간과 비용이 한정된 인자만 개선된다.

그렇다면 이 과정에서의 오류는 브레인스토밍을 대충 하거나 실험을 잘못해서 개선안을 찾지 못하는 것이 되겠네요?

개선안을 찾지 못하는 것은 아니야.

죽이든 밥이든 찾을 수는 있지만, 입맛에 꼭 맞지 않는다는 것이 문제지.

'안성맞춤'이라는 말을 들어 보았겠지?

『경기도 안성에서 만든 놋그릇은 튼튼하고 질이 좋기로 유명했는데, 다 만들어진 것을 장에 내다 파는 '장내기'와 손님의 주문을 받아 만드는 '맞춤'이 있었다. 장내기 그릇도 좋았지만 맞춤 그릇이 더욱더 훌륭했기 때문에 '안성맞춤'이라는 말이 생겨났다.』

개선안을 도출할 때도 마찬가지이다. 클레오파트라의 목에 개 목걸이를 채우면 미모를 망치고, 돼지 목에 예쁜 진주 목걸이를 걸면 목걸이가 아깝다. 그러므로 핵심 인자에 맞는 '안성맞춤식 개선안'을 찾아야 기대하는 수준의 개선 효과를 얻어 낼 수 있을 뿐만 아니라 시간과 비용의 불필요한 낭비를 줄일 수 있다.

실험 계획이 그 어떤 방법보다 좋다고 말하는 이유가 바로 이것 때문이다.

정 대리는 대형 Motor Pump에서 발생하는 소음을 줄이기 위
해 소음 발생원을 찾아내고, 그중에서 핵심 인자인 'Motor 진동, 축
Level 불량, 윤활유 부족'을 개선하기로 했다.

그런데 과제 평가를 위해 현장에 간 실사자들은 깜짝 놀랄 수밖에 없었
다. 개선안이라는 것이 달랑 Motor Pump에 소음 밀폐용 커버를 씌워 놓
은 것이 아닌가! 더욱 안타까운 것은 실사를 며칠 앞둔 어느 날, 일상 점
검이 불편하다는 이유로 커버마저 떨어져 나가고 없었다는 사실이었다.

이 경우는 핵심 인자마다 가지고 있는 고유한 근본 원인을
무시한 채 엉뚱한 개선안을 도출함으로써 '눈 가리고 아웅'
하는 꼴이 되었다.

결국 과제 평가가 보류된 정 대리는 **Motor Base**를 보강하
여 진동을 줄이고, **Motor** 축의 **Level**을 조정하고 윤활유 주
입 주기를 설정하는 등의 근본적인 개선안을 다시 실행하고

나서야 GB 승인을 받게 되었다.

이처럼 개선안 도출 과정에서 구렁이 담 넘어가듯 하면 마지막에 결국 발목을 잡히게 되고 만다.

실험이면 다 실험인가?

도 과장은 주방용 칼의 강도를 높이기 위해 3가지 핵심 인자를 선정하였다. 원재료인 철판의 재질, 담금질 온도, 냉각 시간 등 3가지 핵심 인자의 최적 조건을 찾기 위해 실험을 하기로 결심하고, 실험 계획을 수립하였다.

- 1차 실험: 철판을 A, B 등 종류별로 나누어 작업
  (10/11~10/20)
- 2차 실험: 담금질 온도를 1,300도와 1,500도로 변경
  (10/21~11/10)
- 3차 실험: 냉각 시간을 30분, 45분으로 조정
  (11/11~11/25)

실험을 끝낸 도 과장은 3가지 실험에서 강도가 가장 높게 나타난 조건들을 최적 조건으로 확정하였다.

『철판: A종류, 담금질 온도: 1,500도, 냉각 시간: 30분』

실험을 하는 데 무려 2개월이나 걸렸다. 원재료인 철판 가격이 비싼 것도 있었지만, 3/4분기 들어 갑자기 주문이 늘어나 마음대로 실험할 수 있는 조건이 못 되었기 때문이었다.

드디어 귀하게 얻은 3가지 최적 조건을 시험 적용하는 날,

도 과장은 그만 눈물이 핑 돌고 말았다.

결과가 좋게 나와서 감격했나 보죠? 2개월 동안 고생했으니 눈물이 나올 만도 할 거예요.

번쩍 번쩍

그랬으면 오죽 좋겠냐만은 사실은 그 반대야. 너무나 허탈해서 눈물이 나왔던 거지.
눈물이 날 만한 사연이 뭔지 알려 줄 테니 타산지석으로 삼기 바란다.

이빨 빠진 칼날

『옛날에 어떤 화공이 살았다. 세상에서 가장 아름다운 색깔을 만들고 싶었던 화공은 문득 하늘에 걸려 있는 무지개를 보고 생각했다.

원더풀!

"저 7가지 무지개 색은 얼마나 아름다운가! 빨, 주, 노, 초, 파, 남, 보. 저것들을 모두 합치면…."

화공은 세상에서 단 하나뿐인 색을 만들 수 있겠다는 기대감에 먼저 몇 날 며칠 동안 공을 들여 우선 가장 밝고 찬란한 7가지 색을 만들었다.

"이제 잘 섞기만 하면 될 거야."

일곱 색깔을 합치는 날, 혹시 부정이라도 탈까 봐 정갈한 마음으로 한 색 한 색 조심스럽게 합쳐 나갔다. 빨, 주, 노, 초, 파, 남…. 드디어 마지막 보라색을 섞자 나타난 색은 바로 검…정…색….

화공은 그날 이후 다시는 붓을 들지 않았다.」

도 과장을 바로 그 화공의 환생이라고 보면 될 거야. 업보는 계속 이어지거든.

정말 안타까운 전설이군요.
그렇다면 도 과장이 그 업보를 씻을 수는 없나요?

한 가지 방법이 있지. 실험 계획법(DOE)으로 3가지 인자를 서로 합궁시키는 거야. 그러면 단 한 번에 새로운 환생을 할 수 있단다.

● 실험 계획법(Design Of Experiment)이란?

Y(특성치)에 영향을 미칠 것으로 예상되는 X인자(요인)에 대하여 적용 가능한 수준을 정한 다음, 각 인자별 수준을 조합한 실험을 통해 최적 조건을 찾는 방법이다.

이 방법은 잘못된 실험에서 오는 시행 착오를 줄임과 동시에 최소의 실험으로 최상의 정보를 얻기 위한 방법이다. 일반적인 추진 절차는 아래와 같다.

① 특성치(Y) 결정: CTQ
② 요인(Xs) 파악: 핵심 인자
③ 요인별 수준(Level) 결정: +수준, −수준
④ 실험 계획법 선택: 부분 배치법 또는 완전 배치법
⑤ 실험 실시 및 데이터 수집
⑥ 실험 결과 분석 및 최적 조건 설정

도 과장의 과제를 실험 계획법 절차에 따라 다시 풀어 볼 테니 도 과장이 따로따로 실험하여 얻은 최적 조건과 비교해 보아라.

도 과장의 실험 다시 하기

① 특성치(Y)는 칼의 강도(CTQ)이다.
② 요인은 철판 재질, 담금질 온도, 냉각 시간 등 3인자이다.
③ 각 요인의 수준은 2수준으로 한다.

- 철판: A 재질(-), B 재질(+)
- 담금질 온도: 1,300도(-), 1,500도(+)
- 냉각 시간: 30분(-), 45분(+)

④ 실험 설계는 현실을 감안하여 3인자 2수준, 1/2 부분 배치법으로 한다(2회 반복).

↓	C1	C2	C3	C4	C5	C6	C7	C8
	Std Order	Run Order	Center Pt	Blocks	철판 재질	담금질 온도	냉각 시간	Y(강도)
1	7	1	1	1	-1	1	-1	
2	6	2	1	1	1	-1	-1	
3	4	3	1	1	1	1	1	
4	1	4	1	1	-1	-1	-1	
5	2	5	1	1	1	-1	-1	
6	5	6	1	1	-1	-1	1	
7	8	7	1	1	1	1	1	
8	3	8	1	1	-1	1	-1	

⑤ Run Order 순서에 따라 8회 실험을 하고, 데이터를 수집한다.

⑥ 실험 결과를 분석하고, 최적 조건을 확인한다(단, 인자간의 교호 작용은 없다고 가정).

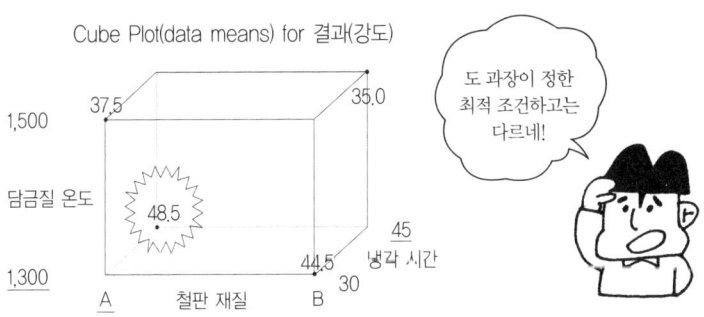

Cube Plot(data means) for 결과(강도)

『최적 조건: 철판 A 종류, 담금질 온도 1,300도, 냉각 시간 45분』

도 과장은 처음부터 길을 잘못 들었군요.
최소의 시간과 비용을 들여 최적의 조건을 찾아낼 수 있는 실험 계획법으로 접근했더라면 그렇게 고생하지 않아도 되었을텐데….

그렇지. 도 과장도 실험 계획법을 알고는 있었지만, GB 교육을 받을 때 너무 어렵게 느꼈던 터라 단순한 개별 Test를 선택한 것이지.
그러다 보니 3가지 인자가 따로국밥처럼 되었고, 실제 작업에서 엉뚱한 결과를 보게 된 거야.

멍멍이 밥

Q&A

제 과제처럼 실험이 곤란한 경우에는 최적안을 어떻게 결정하나요?

사무 간접 부문 과제는 실험이 힘든 경우가 많지. 그럴 때 적용하는 것이 브레인스토밍에

의한 개선안 도출이란다. 먼저 핵심 인자별로
여러 가지 개선 아이디어를 꺼내 놓고, 각각의
아이디어마다 '효과와 실현 가능성'을 평가한
다음, 그중에서 점수가 가장 높은 것을 최적안
으로 정하는 방법이야.

그런데 안타까운 것은, 많은 과제들이 처음
부터 아예 하나의 핵심 인자에 하나의 개선안
만 찾아서 고집스럽게 끌고 가는 경우가 많다
는 사실이야. 나중에 개선 효과가 없을 때 어
떻게 될지도 모르면서.

잘 알겠습니다. 내일 당장 팀원들을 모아 도
사님께서 시키는 대로 최적안을 찾아봐야겠군
요. 실험을 할 수 있는지도 알아보고요.

제9과정. 최적안 설계 및 적용 개선안 실행

개선안 실행이란?

브레인스토밍과 실험 계획으로 찾아낸 최적안을 공정 또는 업무에 적용하여 효과가 있는지 확인하는 과정이다. 그러므로 구체적인 실행 계획을 세워서 추진하는 것이 중요하고, 과제 리더는 항상 실행 현장에 참여해야 한다.

왜냐하면 아무리 완벽한 개선안이라 할지라도 실행 과정에서 잘못하면 엉터리 개선안으로 전락해 버리기 때문이다. 그러므로 개선안을 직접 실행하는 사람과의 공감대 형성과 이해, 팀원간의 충분한 교감이 필수 조건이다.

만약 이것들이 선행되지 않으면 개선안을 외면하거나 귀찮게 생각하여 제멋대로 일을 하게 되고, 그 결과 개선 단계의 마지막 검정에서 '개선안이 정말 맞다', '목표를 달성할 수 있겠다' 는 판단을 하지 못하게 된다.

이런 까닭에 개선안 실행 과정에서 발생하는 오류는 다른 과정과는 달리 그 내막을 자세히 캐 보아야 알 수 있는 것이 많으며, 현실의 높은 벽을 넘지 못해 파생되는 것이 대부분이다.

개선안 실행도 만만한 일이 아니로군.
내일 당장 팀원 중 방관자인 김 반장부터 설득시켜야겠네.

검사반 오 반장은 우여곡절 끝에 제품 인장 강도를 높이기 위해서는 열처리 온도가 1,200±10도일 때가 최적이라는 사실을 알아냈다.

그런데 걱정이었다. 평상시 열처리반 직원들과 티격태격 싸워 온 터라 최적 조건이 맞는지 확인하는 일이 난감했다.

궁리 끝에 열처리 박 반장을 구워삶기로 하고, 퇴근 후 아리랑 횟집에서 최적 조건을 건네주었는데….

며칠 후 박 반장으로부터 Pilot 작업 결과를 건네받은 오 반장의 얼굴이 파랗게 질렸다. 개선 효과가 나타나기는커녕 오히려 더 나빠진 것이 아닌가!

"실험으로 얻은 결과는 분명히 목표를 상회했었는데, 중요한 시점에 왜 이렇게 되었지? 이번 달까지 완료 보고서를 제출해야 하는데…."

오 반장의 오류를 들여다보자.

- 평상시 좋지 않은 인간관계로 열처리 직원의 호응을 얻지 못했다.
- 박 반장에게만 맡겨 놓았을 뿐 Pilot 작업에 직접 참여하지 않았다.

그 결과 오 반장에 대한 반감이 더해져 최

적 조건은커녕 일상적인 조건마저 지켜지지 않았던 것이다.

6시그마 과제도 인간성이 좋아야 하나요?
하지만 평상시 감정으로 Test 작업을 망친
열처리 직원들도 문제가 있는데요.

에고, 허리야.

그 사람들 나무랄 일이 아니다.
그 동안 코빼기도 보이지 않던 사
람이 6시그마 한답시고 건네주고 간
작업 조건을 어떻게 신뢰할 수 있겠
느냐? 잘못했다가는 불량이 왕창 쏟
아질텐데.

결론적으로 오 반장은 6시그마 활동에서 기본이 되는 '사람
의 힘'을 중요하게 생각하지 않아 호된 곤욕을 치르게 된 것
이다.

사람의 힘?
저처럼 인간성 좋은 걸 말하는 건가요?

에끼, 이놈! 지금 네 인간성이 좋다고
자랑하는 거냐? 좋은 인간성도 힘이 되
긴 하지만, 꼭 그런 것만은 아니야.

‘사람의 힘’ 이라는 것은 ‘과정의 힘’ 과 함께 6시그마를 지탱하고 있는 주춧돌로서, ‘모든 사람이 동일한 생각과 행동으로 각자의 역할을 충실히 수행하는 것’ 을 말한다.

오 반장의 경우를 비추어 보면, 먼저 과제 리더와 팀원이 동일한 생각을 하지 않았다. 그러다 보니 인장 강도를 높이는 것이 오 반장 혼자만의 문제가 되었고, 정작 원인을 개선하고 관리해야 할 주체인 열처리 직원들은 뒷짐 지고 있었던 것이다.

다음은, 사적인 감정 때문에 각자의 역할을 다하지 못하였다. 오 반장은 Green Belt 과제의 리더로서 팀원들을 원활하게 이끌지 못했고, 열처리 직원들은 White Belt로서 적극적인 동참을 하지 않았다. 이와 같이 사람들이 따로 노는 상황에서 과제가 잘될 수 있었겠는가?

‘사람의 힘’ 이 정말 중요하네요. 그런데 동료들은 그 힘을 잘 모르는 것 같아요. 팀 활동을 제대로 하는 경우를 못 봤거든요.

가만히 놔두면 당연하지. 그래서 발 빠른 기업에서는 팀 활동을 활성화시키기 위해 ‘6시그마 Day’ 라는 것을 만들기도 하고, 개선안 도출 과정에서 Workout Town Meeting을 하도록 지원해 주기도 한다.

김 GB, 넌 아는 것이 부족한 만큼 팀원들을 하늘같이 모시도록 하여라.

걱정 마세요. 다른 것은 몰라도 팀원과 함께 하는 것만큼은 자신 있으니까요.

장애 요인에 넉 아웃?

강 반장은 '주물 공장의 안전 사고'를 예방하기 위해 30개의 잠재 위험을 찾아냈고, 잠재 위험 모두를 핵심 인자로 선정하였다. 안전 사고라는 것이 언제, 어떻게 터질지 모르는 데다가 사소한 위험이 큰 사고로 이어질 수도 있다는 특성 때문이었다.

그런데 개선안 실행을 앞두고 문제가 생겼다. 핵심 인자 중 위험도가 가장 높은 '주물 틀에서 추락하는 위험'을 제1순위로 개선해야 하는데, 많은 시간과 적잖은 돈이 필요하지 않은가?

"그래, 이것은 어렵겠어. 지난 몇 년 동안 똑같은 추락 사고가 발생했지만 아무도 해결하지 못했잖아? 내가 무슨 재주로…."

지레 겁을 먹은 강 반장은 가장 중요한 개선안을 포기하고 말았다.

저 산은 너무 높아….

한 달쯤 지났을까? 나머지 29개 잠재 위험을 모두 개선한 다음 완료 보고서 작성에 열중인 강 반장의 귀에 앰뷸런스 소리가 들려 왔다.

"아이쿠, 또 터졌구나…."

며칠 후 안전 사고 반성회가 크게 열렸다. 그 자리에 참석한 사장님의 단호한 지시에 따라 긴급 예산이 편성되었고, 강 반장이 불가능으로 여겼던 작업장 개조가 쉽게 이루어졌다.

쯧쯧, 장애 요인을 해결하지 못해 '소 잃고 외양간 고치는' 격, '닭 쫓던 개 지붕 쳐다보는' 격이 됐군요.

그 뒤에 강 반장은 어떻게 됐어요?

강 반장은 자신이 포기한 핵심 인자에 발목이 잡혀 이러지도 저러지도 못하고 있다가 안전 과제의 특성과 29개의 잠재 위험을 성실히 개선했다는 점이 인정되어 과제 승인을 받기는 했지. 그러나 한 번의 잘못이 멍에가 되어 찜찜한 마음을 떨쳐 버릴 수가 없다나….

"개선안 실행 과정에서는 현실의 벽을 넘어야 한다."고 말씀하신 이유를 이제야 알겠습니다. 강 반장처럼 혼자 짐작하여 미리 포기할 것이 아니라, 챔피언과 전문가의 도움이 가능한지를 먼저 알아봐야겠군요.

Q&A

개선안을 공정 또는 업무에 실행하고 나면 핵심 인자에 대한 개선이 모두 끝나는 건가요? 좀 찜찜한데….

끝이 아니다. 어머니가 나물을 무칠 때 간도 안 보고 밥상에 올리더냐? 마찬가지로 실제 환경에서 개선안을 시험 적용해 보고 개선안이 맞는지, 효과를 기대할 수 있는지를 확인

해 보는 **Pilot** 작업 절차가 반드시 따라야 한다. 이것을 '개선안 유효성 검정'이라고 하는데, 이 시험을 통과해야 관리 단계로 넘어갈 수 있단다.

개선안 유효성 검정?
혹시 가설 검정을 말씀하시는 건가요?

가설 검정 외에 또 뭐가 있겠느냐? 개선 전과 개선 후의 효과를 비교하는 것이니 다음 3가지 방법만 잘 알고 있으면 충분할 거야.

- 계량형 데이터인 경우: 평균 검정, 분산 검정
- 계수형 데이터인 경우: 카이제곱 검정

'검정'이라는 단어가 붙은 걸 보니 데이터의 신뢰성에 대한 말이 한번 더 나올 법도 하네….

X인자 측정 시스템 확인이란?

핵심 인자의 개선안을 적용하는 과정에서 측정 방법에 문제가 없는지, 측정 변동은 허용할 만한 수준인지를 확인하는 과정이다.

이는 Y(CTQ)와 X(핵심 인자)의 관계를 명확하게 규명하기 위함이다.

즉, 핵심 인자에 대한 개선안 적용 효과가 **CTQ**의 개선 효과에 그대로 전달될 수 있는지 확인하고, 적절한 조치를 취하는 것이 목적이다.

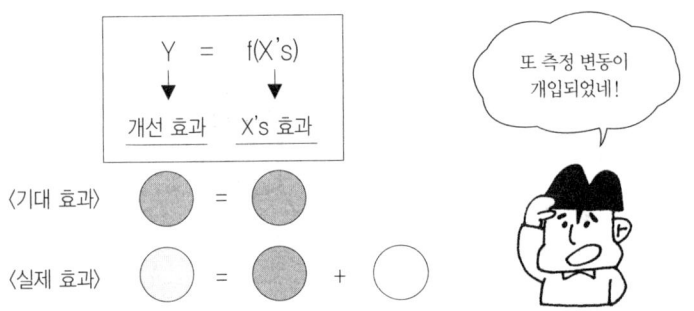

그러나 이처럼 중요한 과정임에도 불구하고 거의 대부분의 과제가 X인자에 대한 측정 시스템 확인을 생략하고 있다. X인자의 측정이 현실적으로 어렵다는 것이 가장 큰 이유이겠지만, 자신이 공들여 개선한 효과를 퇴색시키지 않기 위해서는 X의 측정 방법을 강구하고 변동을 최소화하는 노력을 아끼지 않아야 한다.

  액세서리 도장 공정의 김 반장은 금속 도장 제품의 광택도를
결정짓는 요인이 바로 열처리 온도라는 것을 회귀 분석을 통해 알아냈고,
Y(광택도)와 핵심 인재(열처리 온도)와의 관계식을 설정할 수 있었다.

$$『광택도(Y)=1.12 + 0.218 \; 온도』$$
$$R - Sq = 95.7\%$$

  "개선 목표인 '광택도 15'를 달성하기 위해서는 열처리 온도를 63.67
도로 맞추면 되겠군!"

  김 반장은 이렇게 결론을 내리고, 실제 작업 공정에 적용하였다. 그런
데 '15'가 나와야 할 광택도가 계속 낮게 나오는 것이 아닌가?

  "14.67, 14.68, 14.64…. 이상하다. 분명히 63.67도가 맞는데. 에이, 모
르겠다."

  결정 계수가 95.7%이며 다른 문제도 없으므로 최적 조건은
분명히 맞다. 그렇다면 광택도(Y)를 측정할 때 변동이 발생한
것일까? 그것도 아니다. 측정 단계에서 이미 측정자와 측정기
에 의한 변동이 거의 없었음을 밝혀 내었다. 또한 현재 가동
중인 '광택도나 도장기'는 세계 최고 수준의 설비로서, 공정
자체의 변동도 거의 없다.

  씁쓸한 마음을 풀지 못하고 서둘러 과제를 완료한 김 반장은
다음 달 정기 수리 기간에 그 이유를 알 수 있었는데, 엉뚱하게
도 온도계 자체가 −1.5도의 차이를 가지고 있었던 것이다.

 나와 절친한 친구 사이인 '은동산 아기 도깨비' 이야기를 해줄 테니 X인자의 측정 시스템 확인이 얼마나 중요한 과정인지 새겨 보도록 하여라.

『어설픈 아기 도깨비가 온 동네 사람한테 금을 나누어 주겠다고 아빠 도깨비의 방망이를 훔쳤지. 그런데 아무리 두드려 봐도 나오라는 금은 나오지 않고 은과 동만 나오는 거야.

"긍 나와라, 뚝딱…."

화가 난 아기 도깨비는 지금까지도 방망이를 두들기고 있는데, 은과 동이 얼마나 많이 쌓였는지 산이 되었지.

하는 짓이 하도 귀여워 그 사연을 알아보았더니 어처구니가 없었어.

훔쳐 온 아빠 도깨비의 방망이는 지난봄에 배터리가 떨어져 충전 대기 중인 상태였는데, 엎친 데 겹친 꼴로 아기 도깨비의 앞니가 왕창 빠져 말이 새는 것이 아니겠어!

"긍 나와라…."』

핵심 인자인 '도깨비 방망이' 와 '주문' 이 엉터리인데, 금이
나올 리가 있겠는가?

참 재미있는 이야기네요. 그렇다면 X인자의
측정 시스템 확인은 어떻게 하는 건가요?

측정 단계에서 했던 Y의 측정 시스템 확인
과 동일한 방법으로 하면 된단다.

- 계량형 X인자: Gage R&R, 정확도 확인,
　　　　　　　선형성 확인, 안정성 확인
- 계수형 X인자: 계수형 Gage R&R

Y=f(X)에서 Y는 측정 단계, X는 개선 단계
의 마지막에서 하는 것이군요. 그렇다면 전·
후 과정과는 어떤 연관이 있나요?

개선 단계를 끝낼 시점이 되니 질문도 달라
시는구나. 12과정을 함께 생각할 줄도 알고. 이
것만 살펴보고 관리 단계로 넘어가도록 하자.

(제2과정)	(제3과정)	• 진정한 현재 모습 파악(제4과정)
성과 기준 정의	→ Y 확인	• 정확한 개선 목표 설정(제5과정)
		• 개선 전·후의 명확한 비교(제11과정)

(제9과정)	(제10과정)	
개선안 실행	→ X 확인	• 기대한 개선 효과 획득(제11과정)

개선 효과 파악이란?

개선안을 공정 또는 업무에 전면 실행하고, 일정 기간이 경과한 후 측정 단계에서 확인했던 Y에 대한 공정 능력, 주지표, 보조 지표, COPQ(품질 실패 비용) 등이 얼마나 개선되었는지 파악하는 과정이다.

이때, 더도 덜도 말고 있는 그대로의 효과를 파악하는 것이 중요한데, 다음 2가지 사항을 반드시 지켜야 한다.

- 첫째, 모든 변동이 자연스럽게 녹아 있는 일상적이고 장기적인 관점에서 효과를 파악한다.
- 둘째, 측정 단계에서 정의했던 Defect 기준 등 성과 기준을 똑같이 적용한다.

따라서 이들 2가지 사항을 위반하는 것이 개선 효과 파악에서 가장 큰 오류가 된다. 그 외에 과제의 지표를 잘못 산출하거나 공정 능력을 파악하지 않고 누락시키는 등의 작은 오류들도 발견된다.

잣대를 똑같이 적용시켜야 한다는 것은 알겠는데, 일상적이고 장기적인 관점에서 파악하라는 말은 도통 감이 잡히지를 않네요.

사례를 통해 차근차근 설명해 줄 테니 조
급한 마음을 버리도록 하여라.

관리 단계는 차분한 마음으로 해야 하거든.

실질적인 효과 파악 미흡

홍 과장은 전기로 공정의 제조 원가를 절감하기 위해서는 STS
강 작업 과정에서 산화되어 날아가는 크롬(Cr)의 양을 줄이는 것이 급선
무라고 판단하였다.

그래서 크롬 산화를 촉진하는 '산소 사용량과 환원제 사용량'을 핵심
인자로 정한 다음, 실험 계획법을 통해 산화량을 최소화할 수 있는 최적
조건을 찾아내었다. 물론 최적 조건을 적용한 Pilot 작업 결과도 매우 만
족스러웠다.

"좋았어! 이제 개선 효과를 확인했으니 과제를 마무리해야지."

잔뜩 고무된 홍 과장은 서둘러 개선 전·후 효과 비교표를 만들고, 완료
보고서를 제출하였다.

완료 보고서에 나타난 개선 효과는 엄청났다. 연간 5억 원의
COPQ 절감뿐만 아니라 공정 능력도 거의 6시그마 수준으로
향상되었던 것이다. Best Practice 후보로 거론될 정도였다.

그러나 정작 기뻐해야 할 홍 과장의 마음은 날이 갈수록 무
거워지기만 했다. '일상적이고 장기적인 관점'에서 개선 효과
를 파악해야 한다는 기본 원칙을 지키지 않고 Pilot 작업 결과

를 그대로 적용하는 바람에 완료 보고서 제출 후 크롬 소모량
이 치솟았기 때문이었다.

홍 과장 그 사람, 운이 없었나 보죠?
대부분의 사람들이 Pilot 작업 결과로서
개선 효과를 대체하잖아요. 이것저것 할 일
이 얼마나 많은데….

상식적으로 생각해 보아도 안 된
다는 것쯤은 알텐데 억지를 부리는
구나.
실험 계획이나 Pilot 작업 결과는
마치 온실 속에서 핀 꽃과 같단다.
최적의 온도와 수분, 그리고 벌레로
부터 보호받으면서 자란 꽃은 얼마나 탐스럽더냐!
하지만 우리의 공정은 온실이 아
니다. 때로는 비바람이 불고, 척박한
땅에 목이 타기도 하며, 벌레들에게
물어뜯기는 아픔도 겪게 된다. 바로
이런 현실을 극복하고 피어난 들국
화가 CTQ의 진솔한 모습인 것이다.

부연 설명을 하자면, Pilot 작업은 '개선안 유효성 검정' 을
위한 작업이다. 여기에서 잘못되면 개선 또는 분석 단계로 다

시 돌아가야 한다. 그런 까닭에 과제와 관련된 모든 사람들이 신경을 곤두세울 수밖에 없고, 모든 변동 요인이 통제된 온실과 같은 상황을 만들게 되는 것이다. 물론 여기에서 나온 결과도 훨씬 좋을 수밖에 없다.

요컨대 '실험 계획에 의한 결과, Pilot 작업 결과, 단기간의 작업 결과, 연속적인 샘플에 의한 결과'는 모든 변동이 자연스럽게 녹아 있는 장기적이고 일상적인 조건이 아니므로 왜곡된 효과를 나타내게 되며, 과제가 끝난 뒤에 심한 몸살을 앓게 되는 것이다.

● 품질 실패 비용(COPQ: Cost Of Poor Quality)이란?

경영 활동 각 부문에서 발생하는 낭비 요소를 정량적으로 파악하고 비용화한 것으로서, 재무적 측면의 개선 대상이 된다. 이는 눈에 보이는 직접 손실만을 말하는 것이 아니라 눈에 보이지 않는 기회 손실, 낭비 요소, 선진 수준과의 차이, 기술 미달 등을 포함한다.

그러므로 모든 일에 존재하고 있는 COPQ를 찾아 점차 줄여 나가는 활동이 6시그마 과제이며, 개선 효과 파악 때 변화의 추이를 알 수 있도록 해주어야 한다. 이것들이 하나하나 쌓이면 결국 경쟁력 있는 회사가 될 수 있다.

● COPQ 다양한 유형

① 발생분 전체(zero base)
 – 안전 사고
 – 불량
 – 재작업

② 예산 대비 미달
 – 개발 지연
 – 준비 시간, 수리 시간

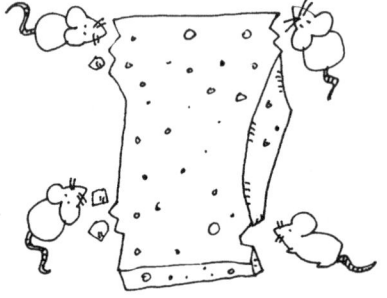

③ 선진 수준 미달
 – 차입 금리
 – 부원료 과다 투입

④ 최상 능력(장기 목표) 대비 미달
 – 실수율, 능률
 – 재료 구입 단가, 자재 수명, 재고 등

Defect와 관계없는 효과 파악

창원쇼핑의 가전제품 판매 팀장은 요즘 수익성이 낮아 고민이다. 그래서 '가전제품 수익성'을 높이기로 하고, 가전제품 중에서 수익성이 낮은 'TV 판매량'을 Defect로 정하였다.

4개월 후, 개선 단계를 마치고 '가전제품 수익성'을 파악해 보니 괄목할 만한 성과가 나타났다.

"이렇게 좋아질 수가! 6시그마는 확실히 도깨비 방망이야!"

그러나 과제 실사 때 어처구니없는 사실이 드러났다. Defect로 정한 'TV 판매량'이 별로 변하지 않았는데도 '가전제품 수

익성'이 좋아진 것이 아닌가! 정말 귀신이 곡할 노릇이었다.

이유인즉 TV보다 수익성이 훨씬 높은 '김치 냉장고' 판매량이 증가하는 바람에 전체 수익성이 높게 나타났던 것이다.

원칙대로 하면 Defect의 증감에 따라 주지표도 증가하거나 감소하는 효과를 나타내야 하는데, 이러한 원칙과는 전혀 상관없는 과제를 추진한 꼴이 되고 만 것이다.

그 유형을 정리하면 다음 그림과 같다.

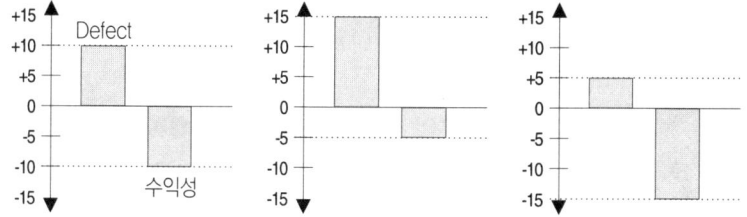

창원쇼핑 팀장도 결국 '김치 냉장고' 덕을 본 셈이 되었군요.

이런 경우를 두고 '어부지리'라고 하나요?

옳거니, 좋은 표현이다.

그럼 두 번 다시 이런 오류를 범하지 않으려면 어떻게 해야 할지 알아보자.

먼저 Defect를 수익성이 낮은 'TV 판매량'으로 했다면 주지표도 이것과 연동되는 'TV 수익성'으로 했어야 옳았어. 그리고 이러한 판단은 '성과 기준 정의' 과정에서 이루어지므로, 주지표와 Defect 기준을 정의할 때 충분히 검토해야 하지. 만약 그렇게 하지 못하면 마지막에 가서 과제를 수정하는 수고를 감수할 수밖에 없으니까.

평균의 문제와 공정 능력 파악 생략

박 대리는 사내 교육에 대한 직원 만족도를 높이기 위해 '교육생 평균 만족도 점수'를 CTQ(주지표)로 정하고, 강사의 강의 능력 향상, 알기 쉬운 교재 개발 등의 개선안을 실행하였다.

개선 후 '교육생 평균 만족도 점수'를 파악해 보니 그 동안 노력한 탓에 개선 전 68.5점에서 17점이 향상된 85.5점이 나왔다. 개선 목표로 설정한 80점을 훨씬 초과한 것이다.

박 대리는 생각지도 못한 결과에 놀란 나머지 공정 능력 파악도 잊은 채 과제를 완료하였다.

박 대리 과제의 경우, 단순히 생각하면 별다른 문제가 없는 것처럼 보이지만 2가지 중요한 오류를 포함하고 있다.

첫째, 주지표를 '평균' 개념으로 파악하고 맹신함에 따라 개선 효과에 대한 잘못된 결론을 내렸다.

둘째, 개선 후 주지표만 파악하고 공정 능력을 파악하지 않음에 따라 CTQ의 변화된 수준을 알 수 없다.

도사님도 어렵게 말씀하실 때가 있군요.

실제로 많은 과제들이 평균값을 지표로 사용하고 있는데, 잘못되었다니….

그리고 가장 기본적인 공정 능력 파악을 하지 않는 경우도 있나요?

우리는 평균을 밥 먹듯 사용하는 경향이 있어. 그 어떤 통계 수치보다 쉽게 표현할 수 있고, 어릴 때부터 젖어 있기 때문일 거야. 하지만 그 맹점을 알고 나면 '평균'이라는 말만 들어도 의혹의 눈으로 보게 될 걸.

그리고 공정 능력이라는 것에 익숙하지 않다 보니 누가 챙기지 않으면 깜빡 잊어버리는 경향이 종종 있지. 지금부터 평균을 지표로 했을 때의 맹점과, 공정 능력을 파악하지 않았을 때의 문제점을 설명해 줄 테니 잘 듣고 오해가 없도록 하여라.

 평균을 지표로 했을 때의 맹점

- 만족도 점수가 다음과 같을 때 평균 점수와 시그마 수준은?(단, 80점 미만인 직원을 불량으로 하여 계수형 공정 능력을 구한다)

  – 개선 전: 30, 40, 70, 80, 80

  → 평균 점수: 60점, σ 수준: 1.25

  – 개선 후: 30, 70, 70, 80, 90

  → 평균 점수: 68점, σ 수준: 1.25

→ 개선 후 평균 점수는 8점 올랐는데, 공정 능력은 똑같다.

- 심지어 다음과 같은 경우도 있을 수 있다.

  – 개선 전: 30, 30, 80, 80, 80

  → 평균 점수: 60점, σ 수준: 1.75

  – 개선 후: 30, 70, 70, 80, 90

  → 평균 점수: 68점, σ 수준: 1.25

→ 평균 점수가 8점 올랐는데도 공정 능력은 오히려 낮아졌다.

위의 두 가지 예로 알 수 있듯이, 평균은 극한값에 영향을 많이 받기 때문에 지표로 내세울 때 신중을 기해야 한다.

공정 능력을 파악하지 않았을 때

6시그마 활동의 기본 개념을 되짚어 보면 그 이유를 금방 알수 있다. 우리가 가야 할 목적지는 100만 개당 3.4개 정도의불량이 발생하는 6시그마 수준이다. 그렇다면 이번 과제를 통해 어디쯤 도달했는지를 알아야 앞으로 갈 길이 보이지 않겠는가?

공정 능력을 파악하지 않는 것은 이정표 없는 길을 무작정가는 것과 같다.

또한 공정 능력은 해당 공정 또는 업무의 관리 상태를 평가해 볼 수 있는 잣대이다. 개선 후 시그마 수준이 3.0 미만이라면 아직도 공정이 관리 상태가 아니므로 개선의 여지가 많다고 판단할 수 있고, 3.0 이상이면 공정이 어느 정도 안정되었다고 말할 수 있다.

100m 앞 목표물을 맞추었다고 해서 '활과 총'이 똑같은 능력을 가지고 있다고 말할 수는 없다. 활은 갈 만큼 갔지만 총은 아직도 갈 수 있는 길이 많이 남아 있다. 바로 이것이 공정능력을 반드시 파악해야 하는 이유이다.

지금까지 '변동'이라는 단어가 많이 나왔는데, 자세히 설명해 주지 않는 이유가 뭐예요?

조급하게 생각하지 말라고 그렇게 일렀건만, 어쩔 수 없구나. '변동'을 통계 수치 중 하나로 설명하면 쉽게 와 닿지 않아. 그래서 관리 단계에서 현실적인 설명을 해주려고 아껴둔 게야.

내가 잘 아는 사람 중에 20년 동안 붕어빵만 팔아서 살아온 아저씨가 있는데, 그 집 붕어빵 이야기로 변동을 설명해 줄 테니 개선 효과 파악 과정과 다음에 나올 관리 시스템 실행 과정에서 왜 변동을 알아야 하는지 잘 생각해 보아라.

● **변동의 의미는?**

손님이 항상 노릇노릇하게 잘 구운 붕어빵을 원한다면 아저씨는 어떻게 하면 노릇노릇하게 잘 구울 수 있을지 고민하면서 빵을 굽게 된다.

그런데 불행한 일은 항상 노릇노릇하게 잘 구울 수만은 없다는 사실이다. 무슨 말인고 하니, 조금 더 구으면 타고, 조금 덜 구으면 충분히 익지 않는다.

다시 말하면, 붕어빵은 항상 노릇노릇한 상태를 중심으로 조금 더 타거나 덜 익는 사이를 왔다갔다하는데, 바로 그 차이를 '변동'이라 할 수 있다.

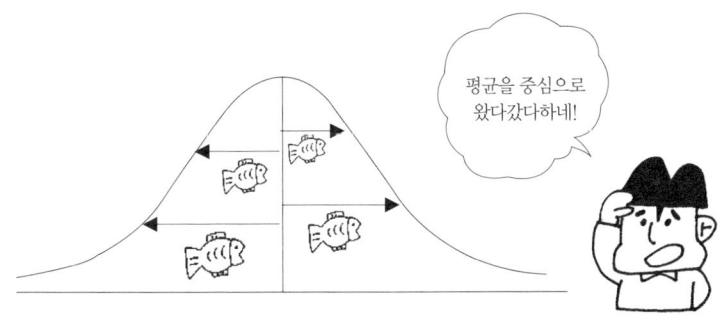

■변동의 통계적 계산:

● 변동의 종류는?

　이상 원인에 의한 변동과 우연 원인에 의한 변동으로 나누어진다.

　한 판에 4개의 붕어빵이 생산된다고 볼 때, 4개의 붕어빵은 거의 똑같은 조건에서 구워진다. 즉, 똑같은 불의 세기, 똑같은 반죽, 그리고 표준화된 작업 방법 등. 하지만 4개의 붕어빵이 항상 똑같이 노릇노릇할 수 있을까? 눈으로 쉽게 구별할 수는 없지만 각각 나를 것이다.

　이와 같이 한 판에서 나온 4개의 차이를 '우연 원인에 의한 변동'이라고 한다(군내 변동).

붕어빵 아저씨가 열심히 빵을 굽고 있는데, 동네 아이 궁금이가 말을 걸어 온다.

"아저씨, 붕어는 눈이 몇 개예요?"

"2개란다."

"아저씨, 붕어는 물에서 살아요, 불에서 살아요?"

"불…아니, 물에서 살지."

한번 질문을 꺼내면 꼬리를 물고 놓지 않는 궁금이의 주특기가 발휘되면 아저씨는 헷갈리게 된다. 그래서 5번 뒤집고 꺼내야 할 것을 깜박하여 6번 만에 꺼낸다면 붕어빵은 어떻게 될까? 아마 앞 판에서 나온 4개의 평균에 비해 훨씬 더 노릇노릇한 붕어빵이 생산될 것이다.

이와 같이 서로 다른 조건에서, 또는 확실한 원인에 의해 나온 결과는 분명한 차이를 보이는데, 이것을 '이상 원인에 의한 변동'이라고 한다(군간 변동). 이상 원인은 보나마나 동네 아이 '궁금이'가 될 것이다.

이제 '변동'에 대해 감이 잡힙니다.

그러니까 우연 원인에 의한 변동은 까닭을 쉽게 찾을 수 없는 변동이고, 이상 원인에 의한 변동은 까닭을 쉽게 찾을 수 있는 변동이군요.

그럼 변동을 구분하는 이유는 무엇인가요?

지금까지 '변동'에 대하여 설명한 것도 그 이유를 알기 위함이란다.

변동을 알아야 하는 이유

- 실질적인 효과 파악을 위해:
  앞에서 누차 강조한 바와 같이 일상적이고 장기적인 관점에서 개선 효과를 파악할 수 있도록 해준다.
- 개선과 관리 대상의 우선순위를 정하기 위해:
  이상 원인이 먼저, 그 다음이 우연 원인이다.
- 적절한 조치를 취하기 위해:
  변동의 종류를 알면 조치 방법이 눈에 보인다(이상 원인은 즉각적인 조치, 우연 원인은 근원적인 조치).

그런데, 변동이라는 것은 손에 잡히는 것이 아닌데 어떻게 찾아내나요?

자꾸 깊이 들어가면 안 되지만, 어차피 다음 과정에서 나오니 제목만 알고 가자.

'관리도(Control Chart)'를 통해 눈으로 볼 수 있고, 변동을 구분할 수 있단다. 나머지 자세한 내용은 관리도에서 다시 보기로 하자.

결론적으로 말하자면, 변동을 알아야 개선 효과를 잘 유지할 수 있다는 거야. 붕어빵 아저씨가 어떻게 관리해 가는지 살펴보고, 마지막 과정으로 넘어가도록 하자.

붕어빵 아저씨가 아무리 뛰어난 기술자라고 해도 항상 똑같은 붕어빵을 만들어 낼 수는 없다. 밀가루 반죽을 할 때 소금을 넣는다는 것이 설탕을 넣을 수도 있고, 궁금이처럼 예상치 못한 변수를 만나게 되어 작업 표준을 지키지 못하는 실수를 범할 수도 있다.

만약 이러한 실수가 계속된다면 어떻게 되겠는가? 아마 맛없는 붕어빵으로 소문이 날 것이고, 그렇게 되면 결과는 뻔하다. 그래서 아저씨는 더 이상 실수를 하지 않기 위해 적절한 대책을 만들어 낼 것이다.

다시 정리하면, 이상 원인에 의한 변동은 아저씨가 그 자리에서 즉각적으로 취할 수 있는 조치가 될 것이고, 우연 원인에 의한 변동은 '전국붕어빵협회'의 기술 자문을 받아 붕어빵 틀을 새로 만든다든지, 열원을 가스 불에서 연탄 불로 바꾼다든지 하는 기술적인 조치가 따라야 할 것이다. 6시그마 수준의 노릇노릇한 붕어빵을 위해서.

제12과정. 개선 결과의 지속적 유지 관리 시스템 실행

관리 시스템 실행이란?

MAIC 12과정 중 마지막 과정이다. 그러나 사람들은 항상 마지막에 가서 약한 모습을 보이곤 한다. 이를 경계하기 위해 '체계와 원칙'으로 무장한 '관리 시스템'을 구축하고 실행하도록 해야 한다. 막연하게만 느껴지는 관리를 좀더 쉽게 하기 위함이다.

● 관리 시스템(Control System)

'시스템'의 의미가 무엇인가? 물이 막힘 없이 흘러가도록 물길을 잘 뚫어 놓은 것이 아닌가. 그렇다면 관리 시스템도 관리가 잘 되도록 만들어진 종합적인 체계라고 보면 될 것이다. 이 시스템은 여느 시스템과 마찬가지로 P-D-C-A Cycle로 돌아가는데, '개선안 원위치 방지와 개선 효과 유지'라는 목적 외에도 '지속적인 개선'이라는 넓은 의미를 내포하고 있다. 그래서 관리 단계를 '실질적인 개선 단계'라고 하지 않던가.

● 관리의 체계

관리는 무턱대고 할 것이 아니라 일정한 원리에 따라 정해진 계통을 따라야 하는데, 이때의 '정해진 계통'이란 '문제 예방'과 '문제 관리'를 말한다.

- 문제 예방: 실수 방지, 위험 관리 등
- 문제 관리: Control Plan, SPC, 표준화 등

이중에서 '문제 예방'이 항상 우선임을 잊지 말자. 그 다음

이 끊임없이 가야 할 '문제 관리'이다.

● 관리의 원칙

실제로 어떤 문제를 관리한다고 생각해 보자. 철저하고 세세하게 관리해야 한다는 건 알지만, 어떻게 접근해야 할지 알 수 없어 답답하다. 그 답답함을 풀어 주는 것이 바로 관리의 원칙이다.

- 대원칙: $Y=f(X's)$에서 Y가 아닌 X's를 Control하라.
- 5가지 기본 원칙
  ① 관리 대상을 정하라(핵심 인자를 포함한 통제 가능한 X인자).
  ② 관리 방법을 정하라(구체적으로).
  ③ 담당자를 지정하라(실명 기재).
  ④ 측정(확인) 주기를 정하라(관리 상태 파악을 위해).
  ⑤ 관리 이탈시 조치를 강구하라(그래도 안 될 때를 대비하여).

그렇다면 마지막 과정에서 범할 수 있는 오류는 뻔하다. 관리 시스템을 이해하지 못해 체계와 원칙에 어긋난 관리를 하는 것이다.

✓ 관리 체계 무시
✓ 위험 관리 소홀
✓ 혼자서 관리할 수 있나?
✓ Control Plan 미작성
✓ SPC는 뒷전
✓ Monitoring과 Control 오해
✓ 표준화 누락

관리 체계 무시

　　강 과장은 STS 강판의 표면 불량률을 5%에서 1% 수준으로 낮추었다.

　　이제부터는 개선 효과를 유지하는 것이 관건이다. 핵심 인자인 '열처리 온도와 롤 압력'은 '관리도'를 작성하도록 했고, 통제 가능한 나머지 X인자 10개는 관리 계획을 작성하여 현장 직원에게 관리하도록 하였다.

　　그런데 얼마 지나지 않아 현장 직원들의 불만이 쏟아져 나왔다.

　　"공장장님, 강 과장 과제 때문에 일을 못하겠어요!"

　현장 직원들의 불만은 예견된 것이었다. 지금까지 관리하지 않았던 12개 X인자를 새로 관리해야 하니 불편하고 짜증 나는 일임에 틀림없다.

　게다가 열처리 온도와 롤 압력에 대해 일일이 데이터를 측정하고 타점해야 하니 당연한 불만이었다. 바로 이 불만이 강 과장의 오류였다.

사실 열처리 온도와 롤 압력은 자동 **Control System**이 있었으나, 고장난 상태였다. 그것을 원래대로 복원시켰다면 관리도는 필요 없었다. 또한 관리 계획에 포함된 **10**개의 **X**인자 중에서도 간단하게 감지용 센스만 부착하면 두 번 다시 손을 대지 않아도 될 것이 5개나 있었다.

다시 말하면, 실수 방지를 포함한 문제 예방을 먼저 생각했더라면 관리 대상이 5개로 줄어들고, 현장 직원들의 불만도 없었을 것이라는 얘기이다. 이것이 '체계'를 지켜야 하는 이유이다.

위험 관리(Risk Management) 소홀

　10년 된 자동차를 보유하고 있는 차길동 씨는 최근 들어 고장이 잦아 걱정이다.

　"그래, 6시그마 과제로 해결해 보자."

　이렇게 마음먹은 차길동 씨는 고장 원인을 FMEA로 찾아내고, 핵심 인자 2개를 정하였다. 고물 자동차가 안고 있는 문제가 한눈에 보여 기분이 좋았다.

　우선순위에 따라 브레이크액을 보충하고, 배터리를 중고품으로 교체하였다. 그 결과 제동 거리는 훨씬 짧아졌고, 시동도 질 길리는 효과를 볼 수 있었다.

　"2가지 핵심 인자를 개선했으니 이제 다 끝났어."

단위 공정	공정 기능 (부품, 단계)	잠재 불량의 유형 (공정 결점)	불량의 영향 (KPOVs)	심각성 S	불량 원인 (KPIVs)	발생성 O	관리 방법 (현 공정 통제 방법)	탐지성 D	위험도 RPN	우선순위
자동차	앞 유리 세척 장치	세척제가 창에 분무 되지 않음	우천시 안전 위험	2	저수통에 세척제 없음	2	정기적으로 세척액 점검	1	4	
				2	세척액 공급선 빠짐	1	정기적으로 공급선 점검	3	6	
	배터리	충전되지 않음	자동차 시동 걸리지 않음	3	잘못 연결	1	배터리 점검	2	6	
				3	베터리 고장	1	배터리 기능 점검	3	9	#2
	브레이크	브레이크 밀림	자동차가 멈추지 않음	5	브레이크액 손실	1	브레이크액 점검	4	20	#1
	에어컨	찬바람 나오지 않음	불편함	1	프레온 가스 없음	2	프레온 가스 점검	4	8	

도사님, 끝난 것이 아니라 FMEA를 갱신해 봐야 되는 것 아닌가요?

2가지 핵심 인자를 개선했다고 고물 자동차 가 새 차가 되지는 않잖아요.

옳거니! 마지막 과정은 감이 좋은데!

너는 'FMEA를 갱신하지 않았다'고 말했지 만, 나는 '위험 관리를 하지 않았다'고 말하겠

다. 달리 말하면, 대부분의 사람들이 위험 관리를 하고 싶어도 어떻게 하는 것인지 몰라 소홀히 하게 되는데, 분석 단계에서 작성했던 FMEA를 그대로 활용하면 훌륭한 '위험 관리'의 기법이 된다는 거지.

차길동 씨의 경우도 마찬가지이다. FMEA를 갱신해 보았더라면 처음 2가지 핵심 인자의 위험도는 떨어지고, 나머지 다른 인자의 위험도가 높게 나타났을 것이다. 그리고 그것들이 다음 개선의 대상이 되었을 것이다. 이와 같이 위험도를 계속 줄여 나가는 활동을 '위험 관리'라고 하는데, '실수 방지'와 더불어 문제 예방의 중요한 기법이다.

● 위험 관리(Risk Management)

위험 요소를 체계적으로 파악한 후 위험 감소 계획을 세우고, 위험의 정도를 점차 줄여 나가 결함 발생을 예방하는 기법이다.

한마디로 표현하자면 '위험 등급을 하향 관리'하는 활동이다. 주로 안전, 환경 분야에서 많이 활용하는데, '안전 위험성 평가, 환경 영향 평가'가 여기에 해당된다.

1. 위험 요소 파악
2. 위험 요소 등급 결정
3. 위험 요소 우선순위 결정
4. 위험 감소 계획 수립
5. 위험 감소 계획 실행

그럼 문제 예방 기법 중에서 가장 좋다는 '실수 방지'는 무엇인가요?

많이 들어 보기는 했지만, 정확하게 어떤 것인지 모르겠어요. 위험 관리처럼 위험을 점차 줄여 가는 것은 아니지요?

당연하지. 실수 방지는 위험 관리보다 훨씬 공격적인 문제 예방 기법이란다.

결함(결과)을 유발하는 실수(원인)를 찾아서 원천 봉쇄하는 것이지.

예를 들면, 안전벨트 미착용으로 인한 치명적인 인명 사고를 예방하기 위해 안전벨트의 중요성을 홍보하거나 위반자에게 벌금을 부과하는 등의 활동을 펼치는 것을 '위험 관리'라고 한다.

반면에, 운전자가 안전벨트를 착용하지 않으면 시끄럽게 경고음을 울린다든지 아예 자동차 시동이 걸리지 않도록 함으로써 '안전벨트 미착용'이라는 실수 자체를 사전에 차단하는 일련의 장치 또는 활동을 '실수 방지'라고 한다.

● 실수 방지(Mistake-Proofing)

지혜와 창의력을 사용해서 100번이면 100번 항상 100% 무결점으로 할 수 있도록 해주는 장치를 만드는 것이다. 따라서 실수 방지를 제대로 하기 위해서는 먼저 원인(실수; Error)과 결과(결함; Defect)의 관계를 잘 파악하여 원인을 없애야 한다.

● Mistake-Proofing의 원칙

✓ 작업자의 의견을 존중한다.

✓ 단순히 기억에 의존하는 반복 작업이나 행위를 제거한다.

✓ 작업자를 편하게 하여 창의적인 업무와 부가 가치 활동을 추구하게 한다.

✓ 아주 적은 결함 또는 불량품도 인정하지 않는다.

✓ 무결점을 목적으로 한다.

실수 방지에는 3가지 유형이 있다. 신이 사람의 몸에 만들어 놓은 다양한 실수 방지를 예로 들어 줄 테니 모든 업무에 적용해 보기 바란다.

• 눈꺼풀: 날아오는 물체로부터 눈동자를 보호하기 위해 반사적으로 감긴다(Shut down식).

• 콧구멍: 빗물이 들어가지 않도록 아래로 향해 있다(Control식).

- 신경 : 통증을 느끼도록 하여 이상 상태를 알려 준다 (Warning식).

혼자서 다 관리할 수 있나?

부지런하기로 소문난 정 대리는 완료 보고서를 제출한 후에도 눈코 뜰 사이 없이 바쁘다. 똑같이 과제를 마친 박 대리는 팀원들과 회식 자리도 마련한다는데, 정 대리는 도대체 시간이 나지 않는다. 같은 부서 선배들의 인사도 똑같았다.

"어이, 정 대리. 그러다가 병나겠어. 남들은 1차 과제 끝내고 2차 과제 한다고 야단인데, 혼자만 왜 그리 바빠?"

2개월 후, 이상하게도 정 대리의 CTQ가 실적 부진 대상에 올랐다.

안타까운 마음에 영문을 알아본 김 **BB**는 어처구니가 없었다.

개선 효과를 유지한답시고 뽑은 **X**인자들을 정 대리 혼자서 다 관리하고 있었다. 꼭 관리해야 할 중요한 대상들을 골라내기는 했으나 그 수가 무려 10개나 되었고, 그중에는 매 시간마다 **Data**를 측정해야 할 것과 직접 **Check Sheet**로 확인해야 할 것도 있었다. 사태가 이렇게 되어 있는데, 개선 효과가 지속적으로 유지될 리 있겠는가.

6시그마 관리는 핵심 인자를 포함하여 통제 가능한 모든 **X** 인자들을 대상으로 한다. 그러므로 아무리 부지런하고 능력 있는 사람일지라도 그 많은 것을 혼자서 감당하기는 어렵다.

앞에서 살펴본 관리의 기본 원칙 중 '담당자를 지정하라' 는 것이 바로 이 맥락이다. 각각의 X인자에 대하여 내용을 잘 알고 책임질 수 있는 사람이 십시일반으로 전체 X인자를 쉽게 관리하고, 그로 인해 Y를 더욱 효율적으로 유지하기 위함인 것이다.

Control Plan은 기본!

최 과장은 예산 편성 기간을 단축하기 위해 과제를 완료하여 5일 정도 걸리던 기간을 1일로 단축하였다. 앞으로 1일을 계속 유지하는 것이 관건이다. 실수 방지가 가장 중요하다고 생각한 최 과장은 다음과 같이 핵심 인자 3개에 대하여 실수 방지 방안을 수립하였다.

항목	문제점	실수 방지 방안
1. 예산 편성 표준 양식	팀별로 표준 양식을 사용하지 않아 많은 집계 시간 소요	예산 편성 때 표준 양식에 따라 작성하도록 홍보
2. 수선비 계정 코드	변경된 수선비 계정 코드를 몰라 오류 발생	변경된 수선비 계정 코드에 대하여 수시로 예산 담당자에게 통보
3. 예산 실적 관리	팀별로 예산 대 실적 관리가 되지 않음	주기적으로 실적을 공지하여 실적 관리에 대한 관심 유도

"실수 방지를 했으니 관리는 이것으로 끝이군."

최 과장이 세운 실수 방지 방안으로 '1일'을 계속 유지할 수 있을지 따져 보자.

먼저 실수 방지 방안이라고 세운 것을 보면 '홍보, 통보, 공지'한다고 되어 있는데, 모두 사람이 해야 할 일이다. 망각, 착각, 태만, 피로 등 실수할 조건을 많이 안고 있는 사람이 그

일들을 제때에 잘할 수 있을까? 아마도 어려울 것이다. 따라서 실수 방지 방안이라고 보기는 어렵다(문제 예방 안 됨).

예방이 안 되면 지속적으로 핵심 인자를 통제할 방법을 강구해야 하는데, 관리 계획(Control Plan)은 아예 세우지도 않았다(문제 관리 안 됨).

결국 '문제 예방'은커녕 '문제 관리'도 안 되는 상황이므로, 예산 편성 기간은 원위치될 소지가 다분하다.(전체적인 관리 안 됨)

관리가 죽도 밥도 아닌 꼴이 되겠군요. 도사님이 만약 최 과장이라면 어떻게 하셨을까요?

실수 방지가 좋기는 하지만, 기술이나 비용면에서 만만한 것은 아니야. 그래서 6시그마 관리에서는 반드시 기본 원칙에 충실한 Control Plan을 작성하도록 권하고 있단다. 문제 관리의 모든 방법이 Control Plan 안에 다 들어 있거든.

Control Plan(관리 계획)이란?

- 공정과 제품의 변동에 대한 모니터링과 통제에 사용된 시스템을 요약 기술해 주는 축약된 품질 관리 문서
- 고객의 요구 사항(CTQ=Y)이 확실히 충족되도록 하기 위해 사용된 모든 관리 방법을 공식적으로 기록하는 문서
- 측성 시스템과 관리 방법이 평가되고 개선됨에 따라 갱신되는 살아 있는 문서
- 작업 현장에서 직접 사용 가능한 간결한 작업 지침서

이처럼 중요한 위치에 있는 Control Plan을 작성하지 않고 관리 단계를 끝낸 것은 커다란 오류에 해당될 거야. 최 과장의 경우에도 실수 방지가 완벽하지 못했으니 다음과 같이 Control Plan을 작성해야 했던 거지.

관리 대상	관리 방법	확인 주기	담당자	Reaction Plan
표준 양식 사용 여부	메일 홍보 (수신 확인)	편성 기간 10일 전부터 매일	최○○	부서 담당자별 직접 확인
변경된 계정 코드 적용	전표 코드 확인	변경 후 10일	오○○	담당자 교육 실시
실적 관리 여부	—	—	—	—

양식을 보니 관리의 '기본 원칙 5가지'가 다 들어 있네요. 그래서 Control Plan을 꼭 작성하도록 하는군요.

Control Plan이 현장에서 진가를 발휘하기 위해서는 교육 및 훈련이 필수인데, 다음과 같은 이유에서란다.

- 작업 방법이 달라졌다
- 허용 공차가 변경되었다
- 측정 방법, 측정 주기가 달라졌다.
- 담당자가 바뀌었다.
- 모든 것이 표준화되었다.

절반의 통계적 공정 관리(SPC)

신촌 양계장의 조 사장은 중량 미달의 계란이 생산되는 원인이 양계장의 '온도와 습도'라는 사실을 알아내었고, 닭들이 제일 좋아하는 쾌적한 환경을 조성하였다. 그 결과 조 사장의 닭들은 최상품의 계란만을 생산하게 되었다.

"이대로만 가면 금방 부자 되겠네! 그렇다면 데이터를 이용한 통계적 공정 관리를 해야지."

관리도가 가장 합리적인 방법이라고 생각한 조 사장은 하루에 생산된 계란을 샘플링하여 중량을 측정하고, 타점해 가기 시작했다.

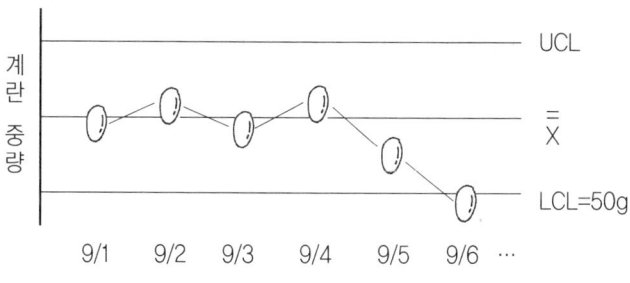

조 사장의 경우는 반은 오류이고, 반은 오류가 아니다. 무슨 말인고 하니, Y=f(X) 관계에서 Y에 대한 통계적 공정 관리는 했지만 X에 대한 통계적 공정 관리는 하지 않았다는 것이다. 원칙에 입각하여 말한다면, X인자에 대한 SPC를 하지 않음에 따라 지금까지 핵심 인자를 찾고 개선한 과정이 모두 헛일이 되었다고 할 수 있다. 만약 9월 6일과 같이 관리 상태를 벗어난 경우가 발생하면 그 원인이 무엇인지 새로 찾아보아야 하지 않겠는가?

그러나 핵심 인자인 '온도와 습도'에 대한 관리도를 함께 그렸다면 상황은 완전히 달라질 것이다. 이미 80% 이상 영향을 미치고 있다고 검정된 핵심 인자이기 때문에 중량 미달 원인에 대해 고민할 필요가 없을 뿐만 아니라, '온도와 습도'의 변동을 관찰함으로써 중량 미달 사태를 미연에 방지할 수도 있었다.

이것이 바로 'X인자를 Control하라'라는 6시그마 관리의 대원칙에 대한 설명이기도 하다.

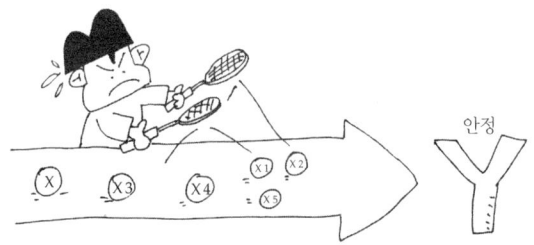

그러나 안타까운 일이지만 X인자에 대한 통계적 공정 관리를 수행하지 않는 과제가 의외로 많단다.

사무 간접 부문 과제는 X인자의 측정이 어려운 경우가 많아 면제부를 받을 수 있을지 모른다. 그러나 생산 부문 과제 중에서 측정이 가능하고 SPC를 할 수 있음에도 불구하고 하지 않는 경우는 통계적이고 과학적인 문제 해결을 지향하는 6시그마 활동에 분명히 어울리지 않는 것임을 명심해야 한다.

● 통계적 공정 관리(Statistical Process Control)란?

통계적 자료와 분석 기법의 도움을 받아 공정의 품질 변동 원인과 상태를 파악하고, 공정이 항상 안정된 상태(관리 상태)로 유지되도록 끊임없이 P-D-C-A Cycle을 돌려 가며 관리하는 것이다.

● 통계적 공정 관리의 기본 조건

- 모든 사람이 철저한 교육을 받아야 하고, 정기적인 보수 교육도 필요하다.
- 투명한 데이터가 정확하게 수집되어야 한다.
- 평균과 범위, 표준 편차 등의 통계 수치가 정확하게 계산되어야 한다.
- 통계 수치가 올바르게 차트화되어야 한다.
- 차트가 올바르게 분석되어야 한다.
- 차트상의 이상과 패턴에 대하여 반드시 적절한 조치가 따라야 한다.

기본 조건을 반대로 생각하면 통계적 공정 관리가 안 되는 이유가 되겠네.

데이터가 없으면 하고 싶어도 못하는 것이 SPC인 만큼 데이터의 투명성이 기본이고, 그 다음이 사람의 문제구나.

Q&A

통계적 공정 관리라고 하면 주로 관리도를 말하는데, 이유가 뭐예요?

관리도(Control Chart)를 SPC의 꽃이라고 하지. 그 이유는 SPC를 구현하는 수단으로서 관리도가 탄생했기 때문일 거야.

앞에서 SPC의 개념을 살펴보았듯이 공정의 변동을 합리적으로 구분하여 이상 원인에 의한 변동이 발생했을 때 적절한 조치를 취하는 것이 바로 SPC야.

그렇다면 사람이 이상 상태를 알아차려야 하는데, 그 신호를 줄 수 있는 것이 바로 관리도란다.

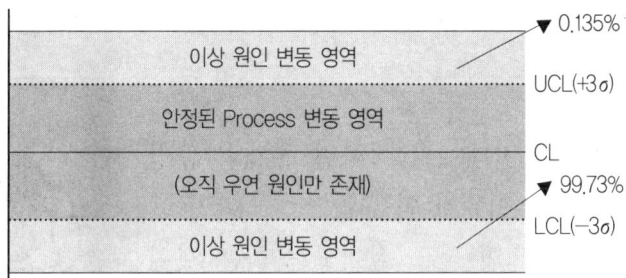

- 관리 한계선으로 우연 변동과 이상 변동 영역이 구분된다.
- 관리 한계선은 관리 상한선(UCL)과 관리 하한선(LCL)으로 되어 있으며, 전통적으로 ±3σ를 사용한다.
- 이때 안정된 변동 영역의 면적은 99.73%가 되는데, 표준 정규 분포의 확률 면적에서 나온 수치이다.

±3σ니 99.73%니 하는 수치를 꼭 알아야 하나요? 저는 워낙 수치 개념이 없어서 말이죠.

관리도 활용에 있어서는 몰라도 돼. 하지만 그 수치 속에 '공정의 안정성 확보'라는 중요한 개념이 들어 있으니 알고 가는 것도 괜찮겠지.

　도사님 말씀을 듣고 보니 ±3σ 관리 수준을 만만하게 볼 게 아니네요. 그 정도면 ±2σ, ±1σ 범위로 억지로 좁혀서 관리할 필요도 없겠군요.

　그렇지. ±2σ, ±1σ로 좁히면 고객은 만족할지 몰라도 생산자는 큰 부담을 갖게 되겠지. 결국 가격을 올리는 수순을 밟게 될 수도 있고.

　아무튼 이 정도로 끝을 내겠다. 더 깊이 들어가 보았자 머리만 아프고, 능률도 오르지 않을 테니까. 더 알고 싶으면 통계적 공정 관리에 관한 책자들을 참고하면 될 거야.

　아, 참! 깜빡 잊은 게 있는데, 지금까지 살펴본 모든 관리 방법들은 반드시 '표준화' 되어야 한다는 거야. 모든 길이 로마로 통하듯이, 모든 관리 방법은 표준화로 간다는 사실을 꼭 기억해라.

　정말 머리가 뻐근합니다. 도사님 덕분에 과제를 무사히 끝내기는 했지만, 다음에 같은 상황에 처하면 또 오류를 범하겠지요? 그때마다 도사님 말씀을 떠올리도록 할세요.

공정의 안정성 확보란?

±3σ 관리 범위로 볼 때 어떤 측정값 100번 중 99.73번이 안정된 프로세스 변동 영역 안에 놓일 수 있는 상태를 확보하는 것이다.

이 정도의 상태가 되면 이상 원인에 의해 관리 상태를 벗어날 확률이 0.27%로 아주 작다는 뜻이 되므로, 거의 우연 원인에 의한 변동만이 존재하는 수준이 된다.

이 의미는 우리의 목표가 6시그마 수준이라고 볼 때 결국에 가서는 우연 원인에 의한 변동을 개선하고 관리해야 한다는 뜻이 된다.

그러므로 6시그마 활동이 성공하기 위해서는 반드시 넘어야할 산으로, 상대적으로 쉬운 이상 원인에 의한 변동을 최소화하기 위해 표준을 정비하고 설비를 정상화하는 등 공정을 안정시키기 위한 노력을 아끼지 말아야 한다.

안정된 공정 상태에서 6시그마를 출발한다는 것은 험준한 산의 8부 능선을 이미 넘었다고 볼 수 있을 것이다.

지금까지 내 구박을 참아 가며 잘 따라 주어서 고맙구나. 나도 DFSS와 같이 더 높은 도를 닦아야 하니 이만 산으로 돌아가야겠다.

혹시 풀리지 않는 문제가 있으면 나에게 e-mail을 보내도록 하여라.

PART 3

시그마 도사와 함께하는 우주여행

60
Activity

　2100년 어느 날, KASA(한국 우주국) 소속 우주 비행사인 김 GB는 시그마 6호를 타고 토성으로 향한다. 이번 여행의 목적은 최근 새로운 우주여행지로 떠오르고 있는 토성까지의 새로운 항로를 개척하기 위함이었다.

　시그마 6호에는 비행 교관 시그마 도사님도 함께 타고 있었다.

1
CTQ 선정

이번 항해가 종전 항해와 달라진 점이 있나?

네! 새로운 항로를 개척해 항해 시간을 단축하려고 합니다.

그런 개선을 꾀하게 된 동기는?

네! 연료비 절감은 물론

절감!

여행 시간을 단축할 수 있기 때문입니다.

음, 고객과 경영의 관점이 잘 반영된 좋은 CTQ로군.

정 리

　CTQ 선정은 고객이 원하는 중요한 품질 특성인 CTQ를 찾아 개선의 대상으로 정하는 것이다. 그러므로 나보다는 고객과 경영의 관점에서 중요한 문제를 대상으로 삼아야 하고, 측정과 효과 검정이 객관적으로 가능해야 한다.

2
성과 기준 정의

정리

성과 기준은 CTQ의 합부를 결정하는 잣대이다. 이 기준에 따라 현재 수준과 과제 성과가 결정되므로 고객의 관점에서 잡아야 하며, 한 번 정한 것은 멋대로 바꾸어서는 안 된다. 계량형은 Spec, 계수형은 Defect, Unit, Opportunity를 정한다.

3
측정 시스템 확인

'항해 시간'을 나타내는 Timer의 상태는 어떤가?

Timer를 포함하여 좌표계, 속도계, 연료계 모두 정상입니다.

그런데 만일 Timer가 가리키는 수치의 변동이 크다면?

에이, 도사님도. 계기를 믿어야죠.

아니야. Timer가 잘못되면 항해 시간 자체를 믿을 수 없게 돼.

음, 계기는 반드시 측정 시스템 분석을 거쳐 신뢰성을 확보해야 하는군요.

Timer는 디지털이니까 사람으로 인한 문제는 없겠지. 하지만 Timer 자체의 변동은 반드시 확인해야 해.

정리

　6시그마 활동은 데이터의 투명성과 신뢰성을 무엇보다 중요하게 여긴다. 그래서 2번의 '측정 시스템 확인'을 하게 되는데, 먼저 CTQ(Y) 측정 장비와 측정자의 변동을 확인한다. 이 작업을 생략하거나 혹은 적절한 조치가 뒤따르지 않으면 과제 성과를 믿을 수 없게 된다.

4
공정 능력 파악

기존의 토싱 여행 시간을 체크해 놓은 자료가 있나?

네, 여기 있습니다.

아니, 오른쪽에 나쁜 기록들이 조금 있군 그래.

네, 그건 구형 기종인 시그마 5호에 관한 데이터가 섞여 있어서 그런 겁니다.

특성이 다른 것을 하나로 묶어 공정 능력을 산출하면 안 되지.

오라, 둘을 분리해서 동일 잣대인 '시그마 6호'의 데이터만 가져와야겠군요!

한 가지 더! 계량형일 때는 필히 정규성 검정을 해서 조치를 취하는 것도 잊지 말아야지.

정리

공정 능력 파악은 1σ, 3σ, 6σ와 같이 단순히 수치로 나타내는 것만을 의미하지는 않는다. 현재의 공정 또는 CTQ의 특성을 있는 그대로 파악하고 정보화하여 개선 방향과 목표를 설정하는 일련의 활동으로 이해해야 한다.

5
개선 목표 설정

정리

    개선 목표는 구체적이고 정량적으로 잡아야 한다. 그러기 위해서는 현재 수준과 최고 수준과의 Gap 분석이 반드시 뒤따라야 한다. 공정이 관리 상태가 아닐 경우, 가능하면 관리 상태로 진입할 수 있도록 목표를 설정하는 것이 이상적이다.

6
잠재 인자 파악

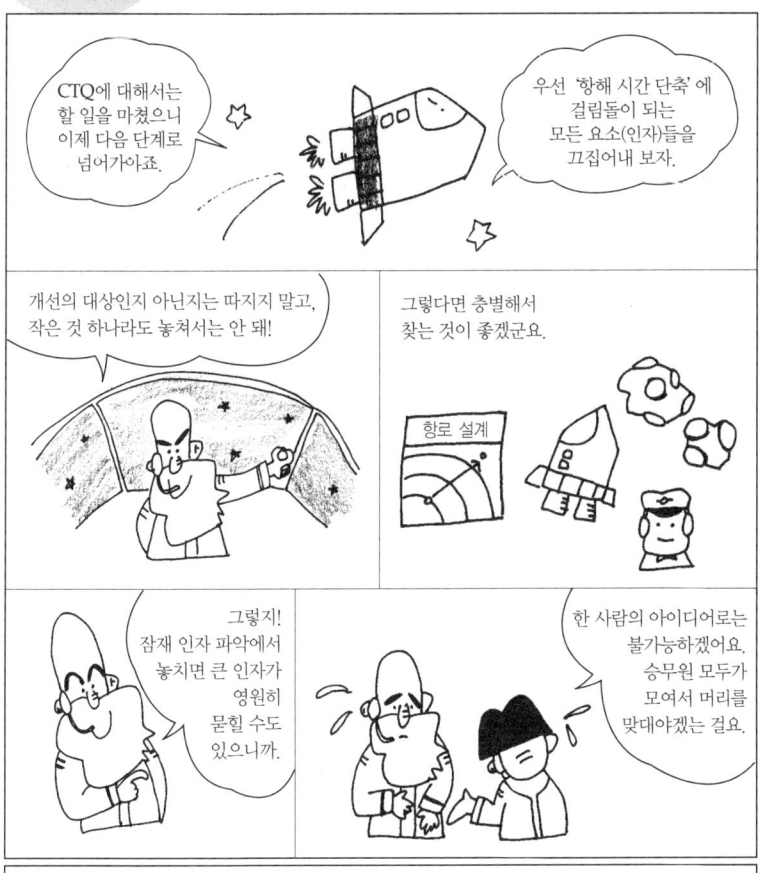

정 리

　잠재 인자 파악은 현재 수준과 목표 사이를 메우고 있는 모든 원인을 찾아내는 것이 관건이다. 대충 찾으면 핵심 인자를 놓칠 수 있는 확률이 커진다. 또한 당장 개선할 수 없는 인자라도 6시그마 수준을 향해 계속 선진하기 위해서는 지금 모두 찾아 놓아야 한다.

7
핵심 인자 선정

정리

    모든 잠재 인자를 개선하는 것이 가장 좋겠지만, 한정된 자원과 인력으로
는 현실적으로 어려움이 많다. 따라서 몇 개의 치명적인 원인을 골라내어
개선에 집중할 수 있도록 하는 것이 중요하다. 핵심 인자에 대해서는 이것
만 개선하면 목표를 달성할 수 있도록 모든 수단과 방법을 동원해야 한다.

8
개선안 도출

정리

핵심 인자를 잘 찾았더라도 개선 방법이 적설하시 잃으면 효과를 기대하기 어렵다. 그러므로 지식과 경험을 총동원하여 많은 아이디어를 도출하고, 실험과 평가를 통해 최적의 방법을 찾는 것이 개선 단계의 핵심이다.

9
개선안 실행

정 리

   최적안을 공정 또는 업무에 적용하여 효과가 있는지 확인하는 과정이다. 그러므로 개선을 직접 실행하는 사람과의 공감대 형성과 이해가 필수 조건이며, 현실적인 장애 요인을 극복하는 지혜가 필요하다.

10
측정 시스템 확인

정 리

아무리 좋은 개선안일지라도 적용 과정에서 변동이 심하면 안정된 효과를 기대하기 어렵다. 그러므로 핵심 인자의 측정 변동이 얼마나 되는지 확인하여 적절한 조치를 취해야 한다. 콩 심은 데 콩 나고 팥 심은 데 팥이 나도록 말이다.

11
개선 효과 파악

정리

개선 효과 파악은 장기적이고 일상적인 조건에서 이루어져야 한다. 실험 결과, 단기간의 작업 결과, 연속적인 샘플 등으로 효과를 파악하면 안된다. 왜냐하면 이것들은 보통 너무 좋게 포장되기 때문이다.

12
관리 시스템 실행

정 리

    관리 시스템에는 '체계와 원칙'이 있다. 체계는 문제 예방과 문제 관리로 나누어지는데, 늘 문제 예방을 우선시하여 고려해야 한다. 원칙에는 X인자를 Control하여 Y를 안정하게 유지하는 대원칙과 5가지 기본 원칙이 있다. 이것을 지켜야만 제대로 된 관리가 이루어질 수 있다.

실행하기 쉬운 6시그마 과제 추진

초판 1쇄 발행 2002년 12월 16일
초판 10쇄 발행 2007년 3월 8일

지은이 포스코특수강 6시그마연구회

펴낸이 이웅녕
펴낸곳 리드리드출판(주)
출판등록 1978년 5월 15일(제13-19호)

주소 서울 마포구 도화동 544 고려빌딩
홈페이지 www.readlead.kr
이메일 we@readlead.kr
전화 (02)719-1424
팩시밀리 (02)719-1404

값 9,500원

ISBN 89-7277-213-5   13320